**대한민국 보수는
왜 매국 우파가 되었나?**

대한민국 보수는 왜 매국 우파가 되었나?

해방 이후 우익의 총결산,
뉴라이트 실체 해부

이병권 지음

황소걸음
Slow &Steady

| 추천사 |

인문 연구가 이병권을 주목해야 하는 이유

이 글을 읽고 나의 부족함에 부끄러웠다. 드러난 모습만 보고 심층을 보지 못하다니. 아울러 충격적이었다. NL 주사파와 매국 우파의 만남이라니!

이 글은 계보학을 씨줄로, 역사와 시대에 대한 통찰을 날줄로 대한민국 현대사를 재구성한다. 이병권이 밝힌 뉴라이트의 계보를 따라가다 보면 우리 시대의 굴곡진 역사와 마주한다.

1945년 해방 전후로 한반도 민중의 염원은 일제를 청산하고 통일된 자주국을 세우는 것이었다. 몽양 여운형과 우사 김규식으로 대표되는 중도 민족주의 세력이 그 중심이 되어야 했다. 그러나 그 꿈은 외세에 의해 좌절됐다. 나라는 이념과 체제를 달리하는 미국과 소련에 의해 분단됐다. 분단 체제는 이 나라 비극의 근원이며, 뉴라이트를 기생케 한 온상이다.

북한은 인민민주주의를 내세웠으나 끝내 수령제와 세습제의 반봉건 전체국가로 전락했으며, 남한은 친일에서 반공 친미로 변신한 기득권 세력에 의한 반(反)자주·유사 민주주의 체제로 고착됐다. 이승만에서 박정희, 전두환으로 이어진 대한민국은 민주공화국이 아니라 미국의 동북아 반공 기지로 지탱되는 반민주 독재국가였을 뿐이다. 1960년 4·19(혁명에는 미치지 못한다)와 1980년 5·18민주화운동, 1987년 6월 항쟁, 2016~2017년 촛불 항쟁 정신이 2024년 윤석열의 '12·3 친위 쿠데타'를 좌절시켰지만, 이 땅의 민주주의는 아직 취약하다. 이명박, 박근혜에 이어 윤석열의 '매국 우파 괴물 정권'을 탄생시킨 것은 여전히 내면화되지 못한 허약한 민주주의의 결과 아닌가!

뉴라이트라는 반민주·반민족 사익 추구 집단은 강하다. 이들이 정치, 경제, 사회, 문화 각 분야에 미치는 영향력은 무시할 수 없다. 윤석열 정부에서 뉴라이트가 활개 친 것은 이들이 동종 동색이기 때문이다. 이들을 청산하지 못하면 이 땅의 민주주의는 언제든 위협받을 수밖에 없다. 민주주의는 탁자 위 꽃병처럼 늘 위태로운 존재다. 이만하면 됐다고 안심할 때 흔들린다. 민주주의에 현재완료는 없다. 이병권의 글이 신자유주의와 손잡은 식민지근대화론의 허상을 넘어, 자존(自尊)과 자비(自卑)의 역사 읽기까지 이르는 것은 결코 우연이 아니다. 우리가 인문 연구가 이병권을 주목해야 하는 까닭이다.

전진우

---

* 전진우 선생님은 〈동아일보〉 해직 기자 출신 언론인, 소설가입니다. 지금은 '언론탄압저지와언론개혁을위한 언론비상시국회의' 집행위원장을 맡고 계십니다.

| 머리말 |

대한민국 현대사에 던지는 '왜'라는 물음 하나

세상에 있는 것 같지만 없는 것이 세 가지 있다고 합니다. 비밀, 공짜, 정답입니다. 잠시 감출 순 있어도 비밀은 언젠가 드러나고, 쉽게 얻는 결과는 반드시 대가가 따르며, 세상에는 정해진 답이 아니라 스스로 풀어가는 해답이 있을 뿐이라는 뜻으로 이해합니다. 이 말을 좀 더 그럴듯하게 바꾸면 역사적 평가의 엄중함, 자존의 위대한 힘, 어둠을 밝히는 지혜의 가치 정도로 이해할 수도 있지 않을까 생각합니다.

직장 생활 32년을 마무리하고 새로운 일상을 맞이하며 밀어둔 질문을 떠올렸습니다. 열정과 두려움, 오기로 가득해서 밤을 지새운 1980년대를 되새기며 질문을 던지기 시작했습니다. 뉴라이트 문제에 몰두한 것은 그 역사가 제 청춘을 같이한 많은 젊음과 관련되면서, 한편으론 열정으로 시작해 배신과 변절, 극우로 치달은 우리 현대사를 이해하는 중요한 대목이라는 판단 때문입니다. 또 한편으론 뉴라이트가 매국 우파로 귀결되면서 지금 우리나라 현실에 엄중한 영향을 끼치기 때문입니다.

뉴라이트를 추적해 그 실체를 해부하면서 어설픈 엘리트주의와 자존감을 상실한 비열한 사대주의도 발견했고, 자신의 틀만 고집하는 집단적 아집과 편견, 광기도 목격했습니다. 얽히고설킨 실타래를 다 풀기에는 역부족이지만, '왜?'라는 물음 하나로 고민하며 해답을 찾고 있습니다. 고민과 생각을 공유한 벗들의 격려에 힘입어 지금까지 찾은 해답을 내놓습니다.

이 책을 준비하면서 많은 분에게 도움을 받았습니다. 변함없이 저를 지켜보며 항상 따뜻한 어깨를 내어주는 형과 누나에게 고마움을 전합니다. 조잘거리며 오타와 문장을 잡아주는 보물

딸 수현에게도 고마움을 전합니다. 이 책에 다룬 거의 모든 주제를 세심하고 정성스럽게 토론하며 지지해준 평생 친구 이주영에게 각별한 고마움을 전합니다. 격려와 지지를 보내주신 전진우 회장님, 김원식 교수님께 깊이 감사의 말씀을 올립니다. 제 글의 논조를 꼼꼼히 살펴주신 '세상을바꾸는시민언론 민들레' 김진호 에디터께도 감사드립니다. 같이 토의해주신 '혁신포럼'의 훌륭한 선생님들, 강연을 통해 소통할 기회를 열어주신 '네트워크 RE'의 윤범기 학장님도 고마운 분입니다. 제 원고를 온라인 세상에 소개해준 정원훈 대표님께도 감사 인사를 드립니다. 미처 인사드리지 못한 지인의 격려와 지지에도 감사의 말씀 드립니다.

무엇보다 추위 속에 광화문과 여의도 광장을 벅찬 함성으로 채워주신 대한민국의 애국 시민 여러분께 감사드립니다. 오직 깨어 있는 시민 정신이 매국 우파가 판치는 대한민국을 바로 세울 것이라 믿습니다. 마지막으로 어려운 상황에도 부족한 제 글을 기꺼이 출간해주신 도서출판 황소걸음에 깊이 감사드립니다.

| 차례 |

| 추천사 | 인문 연구가 이병권을 주목해야 하는 이유   004

| 머리말 | 대한민국 현대사에 던지는 '왜'라는 물음 하나   007

서론   과거가 현재를 구할 수 있으려면   013

1부   신자유주의라는 야수

       1 대한민국 보수는 왜 '자유'에 집착하는가?   031

       2 신자유주의 바로 알기   039

       3 신자유주의와 뉴라이트   054

2부 **뉴라이트 해부**

1 NL 주사파에서 '매국 우파'로 전락한 1등 주의자, 그들의 뿌리와 변질 과정   063

2 모든 지원금엔 꼬리표가 있다   074

3 무엇을 위한 선택이었을까?   090

4 자존의 길 vs. 자비의 길   102

5 전쟁이라는 진부한 '생존 협박'   118

결론 대한민국 보수는 달라질 수 있을까?   129

서론

과거가 현재를 구할 수 있으려면

보수가 지향하는 가치인 국가나 민족, 공동체의 이익에는 별 관심이 없고 오로지 자기 이익을 위해 미국이나 일본에 사대를 서슴지 않는 자들이 대한민국 보수를 자처합니다.

'과거가 현재를 구할 수 있을까?' '죽은 자가 산 자를 구할 수 있을까?' 2024년 노벨 문학상을 받은 한강 작가의 연설문에 있는 질문입니다. 과거의 아픔이 우리를 짓누를 때, 정면으로 맞서 그 원인과 의미를 찾아야 과거를 딛고 앞으로 나아갈 수 있다고 생각합니다. 제주4·3사건이 그렇고, 5·18민주화운동이 그렇습니다.

같은 문제에 직면했을 때 자신이 가장 증오하던 기득권 세력이 돼서 뉴라이트라는 매국 우파의 앞잡이가 된 이가 있고, 여전히 완성하지 못한 민주주의를 위해 오늘도 광장에 나가 촛불을 드는 이가 있습니다. 자세의 문제일까요, 시각의 문제일까요? 둘 다 아니면 선택의 문제일까요? 저는 그것이 궁금했습니다. 대한민국 민주주의가 어쩌다 이토록 기괴한 상황에 놓였는지 정면으로 맞서 냉철하게 맥락을 짚어보고자 합니다. 이것이 과거의 도움으로 현재를 구하는 길이니까요.

2004년, 뉴라이트(New Right)라는 용어가 등장합니다. 당시 〈동아일보〉 이동관 정치부장은 뉴라이트를 "동유럽 사회주의권 해체 이후 반공 일색인 종전 우파를 대체해 우파 진영을 세련되게 이끌 새로운 우파"라고 소개합니다. 반공은 유지하되, 신자유주의와 식민지근대화론으로 무장한 뉴라이트는 특정 집단을 대표하며 본격적으로 정치 세력이 됩니다. 이들은 이명박, 박근혜를 통해 정치권력으로 퍼져 나갑니다. 그러나 박근혜가 탄핵을 당하면서 수면 아래로 자취를 감춘 뉴라이트는 더 정교하게 세력을 모으고 이념을 다듬어 윤석열 정부의 핵심 세력으로 부상합니다. 이제 보수라는 탈을 쓰고 대한민국을 매국 우파 이념으로 더럽히기 위해 나서고 있습니다.

역사 장악 음모

2024년 8월 6일, 윤석열은 김형석을 독립기념관 관장으로 임명합니다. 김형석은 한국사 전공자도 아니고, 주목할 만한 논문을 발표한 적도 없어 학계에서 거의 알려지지 않은 인물입니다. 더욱이 그는 뉴라이트 본산인 낙성대경제연구소 출신으로, 육군사관학교에서 홍범도 장군 흉상 철거를 주장하고, "식민지 시절 우리 조상의 국적은 일본"이라는 발언으로 물의를 빚은 적이 있습니다.

광복회 이종찬 회장은 즉각 임명 철회를 요구하고, '용산에 일본 밀정이 있다'는 내용으로 기자회견을 해서 큰 반향을 일으켰습니다. 언론과 학계, 야당 모두 이 사태에 주목하면서 뉴라이트가 다시 사회적 이슈로 떠올랐습니다. 이 와중에 2024년 4대 정부 출연 역사 기관(한국학중앙연구원, 동북아역사재단, 국사편찬위원회, 독립기념관) 수장에 모두 뉴라이트 계열 인사가 새로 임명됐다는 놀라운 사실이 드러났습니다.

한국학중앙연구원(한중연) 원장으로 임명된 김낙년은 낙성대경제연구소 소장을 지낸 이영훈과 함께 《반일 종족주의》를 저술한 인사입니다. 동북아역사재단 이사장으로 임명된 박지향은 서양사를 전공했으며, 박근혜 정부 시절에 국사편찬위원회 위원으로 위촉됐습니다. 국사편찬위원회 위원장으로 임명된 허동현은 교과서포럼 출신이며, 박근혜 정부 시절 국정교과서 편찬심의위원으로 참여했습니다.

저는 뉴라이트 세력의 정부 출연 역사 기관 접수가 시사하는 바를 다음과 같이 추론합니다.

첫째, 2015년 교과서포럼의 실패를 거울삼아 역사 기관을 접수하려는 작전입니다. 박근혜 정부 시절에 안병직을 비롯해 경제사 연구자를 중심으로 한 교과서포럼 인사들은 이승만을 국부

2024년 윤석열 정부 뉴라이트 세력 주요 역사 기관 점거

기관명	성명	원소속/직정	임명 시기	주요 행적
한국학중앙연구원	김낙년 원장	동국대학교 / 경제학과	2024년 7월 29일	• 이영훈과 《반일 종족주의》 공동 저자 • 낙성대경제연구소 소장 • 2015년 역사 교과서 파동 시 국정교과서 집필진 참여 • 식민지근대화론 신봉자
한국학중앙연구원	김주성 이사장	한국교원대학교 명예교수	2024년 6월 19일	• 2015년 박근혜 정부 국정교과서 집필진 참여 • 우파 교과서포럼 참여 멤버 • 극우 단체 참여, "좌파가 사람까지 죽였다" 발언
동북아역사재단	박지향 이사장	서울대학교 서양사 명예교수	2023년 12월 29일	• "기성세대가 가지고 있는 한(恨)의 역사 인식을 젊은 세대에게 강요하지 말아야 한다" 발언 • 2016년 국사 국정교과서 반대로 역사학자들이 사임한 기운데 국사편찬위원회 위원 위촉
국사편찬위원회	허동현 위원장	경희대학교 후마니타스칼리지 교수	2024년 5월 3일	• 교과서포럼 참여 • 박근혜 정부 시절 국정교과서 편찬심의위원
독립기념관	김형석 관장	대한민국역사와미래 이사장(현)	2024년 8월 6일	• "역사적 성과를 따지지 않고 친일 행위의 반민족 행위를 동일시 하는 우를 범했다"(저서 《끝내야 할 역사 전쟁》 중) • 독군사관학교에서 홍범도 장군 흉상 철거 주장(2023년 한 보수단체 강연)

019

로 추앙하며, 광복절 대신 건국절을 국경일로 지정할 것을 주장합니다. 이들은 정부의 적극적인 지원 아래 교학사를 통해 우파 교과서를 제작·배포했으나, 역사학계와 시민·사회 단체, 일반 시민의 강력한 저항에 밀려 전국 고등학교 가운데 한 곳만 채택하는 참담한 결과를 내고 물러날 수밖에 없었습니다. 윤석열 정부 출범 이래 뉴라이트 인사들이 정부 출연 기관 요직을 차지해 고지 점령 작전을 펴는 것이라 봅니다.

둘째, 제2의 조선사편수회 음모입니다. 일제는 1925년 조선사편수회를 통해 우리 역사를 굴종과 식민, 분열의 역사로 만들어, 민족 정서에 이른바 '식민지 근성'을 심고자 집요한 노력을 기울였습니다. 당시 조작되고 왜곡된 대한민국의 역사는 식민사학자 이병도, 신석호 등에 의해 그 제자로 이어지며, 한국사학계에 여전히 남아 있습니다. 한국사의 주요 쟁점(한사군의 위치, 임나일본부설 등)은 아직 식민사학의 그늘에서 벗어나지 못했습니다. 이 와중에 윤석열은 뉴라이트 인사를 통해 조선총독부의 식민사관을 우리 교과서에 심으려는 음모를 꾸미고, 이에 저항하는 역사학자에 대한 지원을 끊어버림으로써 저항의 씨를 말리려 합니다.

셋째, 역사 교육으로 반일 민족주의 정서를 없애려는 수작입니다. 흔히 민족주의는 자본주의와 함께 발생한 근대적 개념이라고 말합니다. 설사 민족주의가 근대에 만들어진 개념이라는 주장을 받아들인다 해도 대한민국의 민족주의는 조선 후기 동학농민운동(1894년)이 내건 반외세 의식에서 그 연원을 찾아볼 수 있고, 항일 독립 투쟁으로 고취됩니다. 현재 한국인의 민족의식은 항일 독립 투쟁 과정에서 축적된, 적어도 4세대 이상 전해 온 유산입니다. 저는 오히려 역사 교과서에 실린 독립운동 관련 기술이 매우 부실하다고 생각합니다만, 그 알량한 기술로 민족의식이 고취됐다고 보지 않습니다. 저들은 조선총독부가 그랬듯이 한국인의 정신을 개조할 수 있다고 여기는 모양입니다.

넷째, 2024년에 굳이 역사 기관장을 모두 교체한 이유는 한일 국교 정상화(1965년) 60주년이 되는 2025년 한·미·일 동맹에 대한 가시적 결과를 내려는 윤석열 정부의 굳은 의지를 드러낸 것입니다. 미·중 전쟁이 필연이라고 믿는 윤석열 정부는 생존을 위해 한·미·일 동맹이 필요하다고 인식했을 것입니다. 윤석열 정부는 징용이나 위안부 문제 등에서 일본을 최대한 배려해 '컵의 물 반'을 채워줬습니다. 2023년 12월, 일본이 간절하게 바라던 북한의 탄도미사일 정보 공유를 종전 미국에서 일본까지 확대해 일본 우익의 환호를 받기도 했습니다. 이명박과 박근혜 정부에서도 금기시하던 파격적인 정보 공유입니다. 물론 우리가 얻은 것은 없습니다.

이제 윤석열 정부에게 남은 선물은 독도 공유나 일본 군함의 독도 접안 허용입니다. 이 문제는 미사일 정보 공유와 마찬가지로 한미 동맹을 한·미·일 동맹으로 확대할 때 가능한 조치로 예상합니다. 정부 출연 역사 기관 장악과 역사 교과서 개편, 이를 통해 한국인의 반일 의식을 없애고, 이에 비판적인 역사학자를 고사시키기. 이 전략을 실행할 시점을 2025년으로 잡았다고 생각합니다.

해방 이후 우익의 총결산, 뉴라이트

저는 뉴라이트가 등장한 배경을 1980년대 전두환 군사독재에 맞서 싸우던 젊은 지식인의 고뇌에서 찾습니다. 저도 매캐한 최루탄 연기 속에 그들과 어깨를 겯고 있었기에, 시대의 아픔과 현실을 분석하고 미래를 위해 치열하게 논쟁하던 그들의 순수한 열정을 기억합니다. 그중 한 무리는 분단과 민족문제 해결이 시급하다고 인식했고, 다른 무리는 이미 성숙한 자본주의 체제의 구조적 문제 해결이 더 중요하다고 판단했습니다.

분단과 민족문제 해결이 무엇보다 먼저라고 주장한 민족해방파(National Liberation, NL)는 전국대학생대표자협의회(전대협)와 이후 한국대학총학생회연합(한총련)을 결성하고, 과감하게 '양키 고 홈!'을 외치며 평화통일을 위한 활동에 주력합니다. 그러나 강고하던 학생운동 조직과 통일 운동은 동유럽 사회주의권 몰락과 북한의 경제 파탄, 1996년 '연세대학교 사태' 이후 급격히 위축합니다. 1999년 김영환은 동료, 후배 들과 대규모 '전향'을 선택하고 북한 민주화 운동으로 노선을 갈아탑니다. 과거 이들의 경제적 안목을 유지하게 해준 안병직이 이번에는 '식민지근대화론'을 들고 전향자들을 뉴라이트 세계로 인도합니다.

이 시기부터 이들은 본격적으로 권력에 대한 욕망을 불태웁니다. 이명박과 박근혜 정부에 대거 진출하고, 우익과 정치적 결탁을 서슴지 않습니다. 오늘날 뉴라이트 세력과 한 몸이 된 과거 NL 주체사상파(주사파) 인사에게 세상을 대하는 따뜻한 열정이나 배려는 찾아볼 수 없습니다. 이들은 전향하는 순간부터 신자유주의의 탐욕적 인간관과 승자 독식 자본관을 받아들인 탓입니다. 심리연구소함께 김태형 소장은 이들을 '광신적 사대주의에 물든 집단'으로 칭합니다.

보수가 지향하는 가치인 국가나 민족, 공동체의 이익에는 별 관심이 없고 오로지 자기 이익을 위해 미국이나 일본에 사대를 서슴지 않는 자들이 대한민국 보수를 자처합니다.

해방 후 청산하지 못한 친일 부역자, 일본으로 돌아가지 않고 대한민국에 정착해 자신의 자산을 유지하며 신분을 세탁한 토착 일본인 후예, '주체적' 사고력을 갖추지 못해 제국주의를 혐오하다가 오히려 사대주의에 포섭된 전향파, 동유럽 사회주의권이 몰락한 뒤 반공 이념에 신자유주의라는 포장으로 기득권을 강화하려는 재계·학계·종교계·언론계·정치계 인사, 부와 권력을 위해서 무엇이든 마다치 않는 탐욕스러운 자, 일본의 도움을 받아 배운 지식으로 이들을 뒷받침하는 이론가. 바로 이들이 대한민국 보수를 자처하는 오늘날 매국 우파 뉴라이트의 실체입니다.

해방 후 지향점을 찾지 못하던 대한민국의 모든 우익 진영이 최종적으로 결집해서 매국 우파가 됐습니다. 이들은 강대해 보이지만 허약합니다. 오로지 개인의 출세와 사익을 탐하는 이들은 이해관계가 달라질 때마다 배신과 협잡을 마다치 않기 때문입니다. 이들을 뒷받침하는 뉴라이트 이론이 허위와 조작으로 구성됐기에 토론이나 논거를 매우 싫어하며, 그냥 주장하고 믿으라고 요구합니다. 그래서 종교인이 뉴라이트 이론을 쉽게 받아들이기도 합니다.

뉴라이트는 대한민국 보수 우익의 민낯이고, 기득권 세력의 현주소이자, 최대 약점입니다. 그래서 저는 뉴라이트를 더욱 주목해서 분석하고 추적해 그 실체를 알아야 한다고 생각합니다. 뉴라이트를 극복하는 것이 곧 대한민국의 과거를 청산하고 민주주의를 완성하는 일이라 확신합니다.

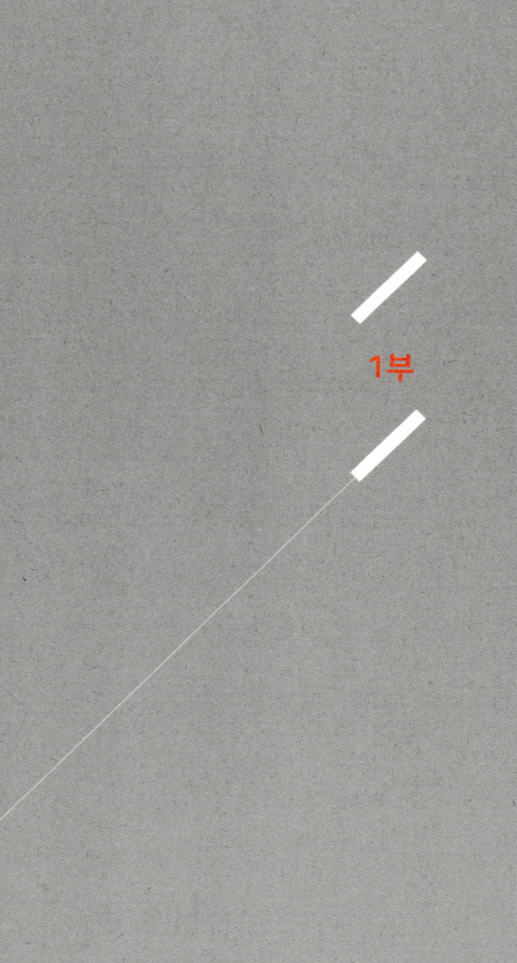

1부

신자유주의라는 야수

신자유주의는 2008년 세계 금융 위기와 함께 수면 아래로 가라앉았으나, 대한민국에서는 뉴라이트 집단에 의해 정치적으로 재기했습니다. 이들은 신자유주의를 자신의 이념을 포장하는 수단으로 활용하고 있습니다.

1 / 대한민국 보수는 왜 '자유'에 집착하는가?

대한민국에서 이른바 '보수'를 주장하는 사람들이 유난히 좋아하는 단어가 '자유' '자유주의'입니다. 이들은 민주주의 앞에도 자유를 붙여야 진짜라고 강변하며, 지난 냉전 시기를 '자유 진영' 대 '공산 진영'의 투쟁 시기로 구분합니다. 휴전선에서는 대북 확성기를 통해 '자유 대한민국'으로 귀순하라고 권유합니다. 이승만을 국부로 추앙할 때도 '자유민주주의의 국부'라고 최상급으로 존칭합니다. 정당 이름 역시 자유당(이승만 정권), 민주자유당(3당 합당) 등 자유를 선호합니다.

보수 진영의 사회단체 또한 이름 앞에 자유를 붙이기 좋아합니다. 2017년 설립한 뉴라이트 정책 집단 한국자유회의는 자유를 핵심 가치로 제시합니다. 이들은 자유가 보수 진영의 지고지순한 가치여서 자신들이 독점해야 한다는 강박관념에 사로잡힌 것으로 보입니다. 그러나 아이러니하게도 미국이나 유럽에서 이 '자유'는 반체제적이고, 한국식으로 보면 '좌파' '진보'를 뜻합니다. 영어 liberal의 사전적 의미는 '자유주의자' '진보주의자'입니다. 따라서 외국인들이 대한민국의 보수가 표방하는 자유를 보면 대단히 혼란스러울 것입니다.

대한민국 보수는 왜 그렇게 자유에 집착할까요? 저는 본질을 호도하고 왜곡하려는 의도에 불과하다고 생각합니다. 마치 현실 비판적이고 변혁을 촉구하는 시에 '참여시'라는 이름을 붙여, 시란 본디 '순수하고 서정적인 것'인데 참여시가 시적 순수함과 아름다움을 더럽힌다고 인식하도록 하는 판짜기라는 말입니다. '실증 사학'이란 논리 역시 마찬가지입니다. 역사 연구에서 논거와 출처를 전제로 하는 것은 기초이자 상식인데, 대단한 학문적 방법인 양 구분하고 독일의 극우 역사학자 랑케(Leopold von Ranke)를 끌어들여 '역사로 하여금 스스로 말하게 하라'는 궤변을 늘어놓는 자체가 난센스입니다.

자유와 자유주의는 상대적 개념이다

우리는 자유라는 말에서 다양한 느낌을 떠올립니다. 어떤 이는 독재에 맞서 민주주의를 외치는 민중의 피어린 절규를 떠올릴 수도 있고, 어떤 이에게는 일상에서 벗어나 홀가분한 여가를 즐기는 표현일 수도 있습니다. 자유는 개인의 경험과 환경에 따라 다양한 의미로 표현되고 사용됩니다. 저는 들라크루아가 그린 '민중을 이끄는 자유의 여신'을 볼 때 자유의 의미를 가장 강렬하게 느낍니다. 이 작품은 프랑스대혁명을 그린 것으로 알려졌으나, 실제 배경은 1830년 7월 혁명입니다.

프랑스 정치사를 보면 프랑스대혁명이 발발한 1789년부터 거의 한 세기가 지나서야 공화정의 틀을 갖춥니다. 약 100년 동안 공화정과 왕정이 여러 차례 뒤바뀌며 혼란과 격변의 시기가 이어집니다. 이때 각 정치의 주체인 왕족, 성직자, 부르주아지, 도시 서민, 지식인 등 모두가 '자유'를 외치고 선동했습니다.

우리가 '자유주의'라고 통칭하는 개념도 그 역사성에 따라 그리고 누가, 누구에게서, 무엇을 위한 자유를 주장하느냐에 따라 성격과 내용이 판이합니다. 프랑스대혁명 당시 구체제(앙시앵레짐), 즉 왕정에 반대한 계몽주의 지식인과 부르주아, 일반 민중에게 자유는 왕정의 폭압과 착취에서 벗어나는 것이었습니다. 루소와 몽테스키외 등 프랑스 계몽사상가는 루이 왕조, 귀족, 성직자가 독차지한 토지와 그들이 불합리하고 과중하게 부과한 세금에 저항했습니다. 혁명 후 혁명의 주체들은 구체제의 모든 재산과 특권을 박탈하고 그들을 처단함으로써 자유를 쟁취했습니다.

경제적 자유주의, 사회적 자유주의

부르주아라고 불린 자본가는 과거 왕이나 귀족의 절대적 통제와 독단, 시장 개입에서 벗어나 자신들만의 '자유로운' 거래와 교역을 확대하고 이런 시장 원리를 공고히 다지길 바랐습니다. 이것이 자본가들이 원한 '자유'입니다. 우리는 이를 '경제적 자유주의' '고전적 자유주의'라고 부릅니다. 18세기 후반부터 19세기까지 산업혁명과 함께 경제적 자유주의가 확대됐습니다.

이론적으로는 영국의 애덤 스미스와 데이비드 리카도, 토머스 맬서스 등이 이 부류에 속합니다. 이들은 경제에 대한 국가의 규제와 간섭을 최소화하고, 분업과 자유로운 교환의 확대를 지속적으로 주장합니다. 이들은 대개 계몽사상과 과학혁명을 숭배했고, 합리적인 시장 질서를 확신했습니다.

그러나 산업혁명을 거치며 자본주의가 확대됨에 따라 더 많은 부를 추구한 자본가의 탐욕은 노동자에 대한 착취로 사회불안의 원인을 제공합니다. 자본가는 자본주의의 확대가 자신들의 '자유'를 확대하는 유일한 방법이었지만, 노동자와 일반 대중에게는 군주제 시대보다 열악한 환경과 억압을 강요하는 사회제도일 뿐이었습니다.

노동자와 농민, 소상공인에게는 자본가의 억압 구조에서 벗어나는 것이 '자유'입니다. 우리는 이런 자유주의적 태도를 '사회적 자유주의' '사회주의'라고 부릅니다.

서유럽에서 많은 사회적 자유주의자가 탄생했고, 그중에 마르크스주의로 무장한 조직과 혁명가는 자본가의 착취가 없는 새로운 '자유' 세계를 꿈꿨습니다. 이들은 노동자와 농민, 소상공인을 억압·착취하는 자본주의 타도가 목적이었습니다. 노동자계급의 자유를 위해 자본가의 자유는 억압돼야 하는 것입니다. 이런 이상은 러시아혁명으로 실현되는 듯했습니다. 그러나 사회주의 국가에서는 자본가의 저항을 분쇄하기 위해 고안된 프롤레타리아독재가 또 다른 관료주의와 부조리의 원인이 됐습니다. 노동자계급은 당 관료의 지배를 받게 됐고, 경쟁의 제한은 비효율로 귀결됐습니다.

서유럽에서는 구소련과 동유럽 사회주의의 한계를 이른바 '사회민주주의'로 극복하고자 했습니다. 시장 자본주의의 장점은 최대한 유지하면서 특정 계급의 권력 독점을 방지할 절차적 민주주의를 강화하고, 대신 사회복지를 대폭 확대하면서 사회적 부를 유연하게 분배하는 구조를 추구했습니다. 사회민주주의는 자본가와 노동자의 갈등을 사회적 합의로 풀어가려는 절충적 자유주의라 할 수 있습니다.

2차 세계대전 이후 30년 남짓 서유럽에서 사회민주주의적 접근은 상당한 성공을 거두는 듯 보였습니다. 케인스의 이론에 따라 대공황을 성공적으로 극복한 미국의 정부 주도 경제정책과 사회복지 확대, 노동조직에 대한 관용적 태도, 적극적인 재정지출과 공공사업 확대가 대세로 인정받았습니다.

그러나 한계는 있게 마련입니다. 1970년대에 들어서며 세계경제가 요동치기 시작합니다. 2차 세계대전 이후 팽창을 거듭하던 자본주의의 성장이 한계에 이르렀고, 중동 위기에서 촉발한 유가 폭등이 전 세계를 강타하며 심각한 경제 위기에 봉착합니다. 미국과 영국을 비롯한 주요 선진국의 경제에도 빨간불이 들어옵니다.

2 / 신자유주의 바로 알기

　　　　　이 틈을 타서 케인스주의에 억눌리고 고전 경제학을 옹호하던 경제적 자유방임주의자들이 신자유주의를 주장합니다. 영국에서는 대처 수상이, 미국에서는 레이건 대통령이 적극 호응하죠. 이들은 모든 경제의 중심을 시장에서 수요와 공급에 따라 해결하는 것이 가장 효율적이고 경쟁력 있는 방책이라고 주장합니다. 고전 경제학의 자유주의 이론으로 돌아가고자 한 것입니다. 정부의 재정 적자를 줄이기 위해 공공투자를 줄이고, 작은 정부를 지향하며, 공공 기관을 사기업에 매각하고, 노동조합을 제어하며 사회복지를 대폭 축소하는 것으로 나타납니다.

이들은 시장에서 승자가 더 많은 이익을 가져가는 구조를 만들어 경쟁력을 자극해야 자본주의의 위기를 극복할 수 있다고 주장했습니다. 다수를 위한 시장구조 대신 소수의 경쟁력 있는 승자를 만들면 낙수 효과로 다수가 혜택을 받는다는 논리를 폅니다. 이들에게 자유는 있는 자, 시장 경쟁에서 승리한 자, 강한 자의 자유입니다. 시장 경쟁에서 승리한 자가 시장과 권력을 독점하는 것이 선이라 주장하고, 승자 독식 구조를 옹호하는 이론이 바로 신자유주의입니다.

신자유주의가 과거 중상주의 시절 고전적 자유주의와 다른 점은 강자의 경제구조를 국제적으로 고착화하기 위해 국제기구를 만드는 것이었습니다. 세계무역기구(WTO)와 국제통화기금(IMF)이 대표적 기구입니다. 두 기구를 이용해 전 세계 시장구조를 강대국 중심으로 재편해 자신들이 주도하는 세계경제 구조를 완성하고자 했습니다. 이른바 '자유로운 국제 교역'을 주장하며 국가

간 경제의 체급과 상관없이 자유무역을 강요하고, 관세장벽을 낮추고, 결정적으로 자본의 자유로운 이동을 가능하게 하죠. 이를 통해 선진국은 개발도상국의 경제를 장악하고 이익 구조를 고착화하며, 새로운 제국주의적 착취 구조를 조직합니다.

신자유주의의 한계

그러나 금융자본을 중심으로 한 신자유주의적 마수는 미국 서브프라임 모기지 사태로 촉발된 2008년 세계 금융위기를 기점으로 급속히 퇴조하기 시작합니다. 실물경제가 뒷받침되지 못한 허구의 금융자본이 거품경제를 양산하다 한순간 파멸의 길에 들어선 것입니다. 신자유주의는 2008년 이후 전 세계적으로 설득력을 잃습니다. 무한 탐욕에 따른 부작용이 속출했고, 같은 금융자본가 진영에서도 패배자가 속출하며 정부의 적절한 시장 개입과 제어의 필요성이 다시 제기됐기 때문입니다.

특히 2019년 코로나바이러스감염증-19 팬데믹은 개별 국가의 경제 위기 극복 능력, 대처의 중요성과 필요성을 일깨웁니다.

현재 신자유주의는 경제 이론으로 설득력을 유지하기 힘든 상황입니다. 더욱이 동유럽 사회주의권이 몰락하고 30여 년이 지나면서 미국 중심의 일극 지배 체제도 중국과 글로벌 사우스(Global South : 인도, 브라질, 사우디아라비아, 멕시코 등 개발도상국 연합체)라는 새로운 도전자들과 경쟁과 협력을 동시에 추구해야 하는 실리 중심의 경제구조로 급속히 재편되고 있습니다. 2차 세계대전 이후 진영 우위의 자유를 추구하던 시대에서 각국의 자유를 추구하는 시대로 변모한 것입니다. 이런 시대의 자유주의는 개별 국가의 안위와 발전을 중심으로 실리와 명분을 동전의 양면으로 하는 내용일 수밖에 없어 보입니다.

애덤 스미스 바로 읽기

현재 대한민국에서 신자유주의를 대놓고 옹호하거나 주장하는 경제학자는 거의 없는 듯합니다. 경제적으로 파산한 정책이고, 경제정책으로 활용하기에는 부작용이 심해 공공의 적으로 손가락질을 받기 십상입니다. 그러나 신자유주의 이론과 주요 개념은 정치적 이념, 지배 이념으로 교묘하게 활용되고 있습니다. 더욱이 뉴라이트 진영에서는 신자유주의 개념을 자신들의 이론으로 받아들여, 뉴라이트 이념을 합리화하는 데 적극 활용합니다. 이들이 흔히 인용하는 것이 애덤 스미스의 '보이지 않는 손'과 '인간은 이기적'이라는 문구입니다. 과연 이들의 인용이 정당할까요?

보이지 않는 손

먼저 뉴라이트 논객들이 떠받드는 애덤 스미스에 대해 간단히 알아보겠습니다. '고전 경제학의 창시자' 애덤 스미스는 스코틀

랜드 에든버러 출신 계몽사상가이자 도덕철학자입니다. 그가 계몽사상에서 출발했다는 점에 주목해야 합니다. 스미스는 당대 지식인들처럼 프랑스의 볼테르, 영국의 데이비드 흄과 존 로크 등에게서 많은 영향을 받았습니다. 그리고 자신도 계몽사상을 기반으로 공부하고, 책을 쓰고, 강의했습니다. 특히 프랑스대혁명 정신으로 이어진 《도덕 감정론》(1759년)을 출간해 철학자로서 명성을 얻고 교수 생활을 시작합니다.

우리가 고전 경제학의 원류로 아는 《국부론》(1776년)은 《도덕 감정론》보다 17년 뒤에 출간됩니다. 고전 경제학을 계승했다고 주장하는 신자유주의에서 금과옥조처럼 떠받드는 '보이지 않는 손'이라는 표현은 《국부론》에서 일종의 형용사처럼 쓰입니다.

스미스는 시장에서 귀족이나 특권층의 간섭이 없는 상태에 분업을 기초로 효율적이고 자유롭게 물건을 만들어 수요공급의법칙에 따라 제약 없이 교환한다면 사회 전체가 부유해질 거라고 판단했습니다. 즉 스미스를 비롯한 고전 경제학자들이 주장한 경제법칙은 시장에서 자유로운 거래를 방해하는 상황과 조건을 제거한다면 가능하다는 이론입니다. 보이지 않는 손의 본질적 의미도 '자유방임에 기초해 모든 기업이 각자 경제체제를 합리적으로 유지한다면, 수요와 공급이 균형을 이뤄 시장에 참가한 모든 주체에게 이익이 될 것'이라는 가설에 근거합니다.

그러나 시장의 독과점과 불공정 거래가 지배할 경우, 이 '손'은 사라집니다. 우리는 서유럽 각국의 극단적 중상주의 정책이 제국주의로 변모하며, 그 제국 간의 전쟁이 세계를 파국으로 이끈 사례를 충분히 알고 있습니다. 또 보이지 않는 손은 실재하는 신(神)의 손이 아닌 한, 현실 경제 현상과 전혀 일치하지 않습니다. 시장에는 항상 경쟁자와 소비자, 환경이 존재하기 때문입니다.

따라서 스미스가 제기한 보이지 않는 손은 매우 추상적인 개념이고, 자유로운 거래 질서의 필요성과 중요성을 강조한 표현으로 이해해야 합니다. 이런 배경지식을 무시한다면 시장 만능주의를 조장하려는 의도라고 의심해야 합니다. 1970년대 신자유주의자들이 자유로운 시장 거래의 확대만이 모든 경제적 리스크를 최소화할 수 있다고 주장하면서 스미스를 무차별적으로 인용했고,

대한민국의 뉴라이트 집단은 자신들의 허약한 경제 이론을 그럴듯하게 포장하기 위해 스미스를 끌어들여 욕보이고 있습니다.

인간은 이기적이다

신자유주의자의 인간관은 한마디로 '인간은 이기적인 존재'입니다. 이들은 애덤 스미스의 논거를 끌어들여 "인간은 경제적 존재고, 시장에서 자기 이익을 추구한다"라고 주장합니다. 얼핏 매우 합리적인 진술처럼 들리는데, 다음 질문으로 반박하고자 합니다.

첫째, 인간이 이기적이라는 근거가 무엇인가?

인간은 자연 상태에서 다른 동물과 마찬가지로 생존을 위해 분투했습니다. 뇌과학자들에 따르면 인간은 생존이라는 문제에 직면할 때 즉각적으로 반응하며, 이것이 자연스러운 현상이라고 합니다. 그러나 인간은 스스로 사고하며 자신의 정체성과 가치관에 대해 질문한다는 점에서 다른 동물과 구별됩니다. 모든 사상이나 가치관이 이 차이에서 비롯됐습니다. 이렇게 볼 때 인간은 매우 이기적이면서도 가치를 추구하는 존재임이 분명합니다. 따라서 인간이 단지 생존을 위해 이기적으로 행동하고, 이기적인 측면만으로 경제활동을 한다는 주장은 인간이란 존재의 일부분으로 전체를 규정하려는 일반화의 오류일 뿐입니다.

둘째, 인간이 자기 이익을 추구하는 것이 반드시 비난받을 일인가?

인간이 자기 이익을 추구하되, 타인의 이익을 약탈하거나 기회를 방해하는 행위가 아니라 공동의 이익을 추구하는 것이라면 여기서 이익을 추구하는 행위는 오히려 장려해야 합니다. 애덤 스미스가 제기한 '인간은 이기적인 존재'라는 의미는 후자에 해당합니다. 앞서 언급한 바와 같이 스미스는 '고전 경제학의 교과서'라는 《국부론》보다 《도덕 감정론》을 먼저 집필했고, 평생 경제학자보다 철학자로 불리기를 바랐습니다.

스미스는 《도덕 감정론》에서 인간의 가치는 '타인을 배려하고 공감 능력을 키우는 것'이라 정의했습니다. 그가 말하는 '이기적 존재'는 '탐욕적 존재'와 전혀 다릅니다. 이기적 존재는 '자신이 노력해서 성취한 것을 바탕으로 발전과 성공을 위해 노력하는 인간'이란 의미입니다. 계몽철학자 스미스는 인간의 합리성과 진보성을 믿었고, 구체제의 악습과 간섭이 없다면 과학기술이 발전함에 따라 자신의 노력으로 얼마든지 성공할 수 있는 부르주아지의 건실한 성공을 기대했습니다.

그런데 신자유주의자나 뉴라이트 인사는 계몽철학자로서 스미스의 '건실한 노력과 이웃에 대한 배려'는 삭제하고, 오로지 시장에서 자기 탐욕을 채우기 위해 광란의 질주를 즐기는 자본만능주의자를 찬양하는 모습으로 치환합니다. 성경 구절을 자기 입맛에 맞게 가공해서 신도를 현혹하는 성직자와 다르지 않습니다.

셋째, 이기적 인간관을 통해 얻고자 하는 바는 무엇인가?

안병직은 식민지근대화론으로 뉴라이트의 하부구조를 완성한 인사입니다. 이후 안병직의 제자 이영훈이 《반일 종족주의》(공저, 2019년)로 매국 우파의 상부구조를 완성합니다. 안병직과 이영훈, 그 외 모든 뉴라이트 인사는 일제강점기 징용이나 위안부 문제가 철저히 돈을 벌기 위한 자발적 경제활동이었다고 주장합니다. 이런 주장은 조선총독부나 그와 관련된 기관에서 의도적으로 공개한 자료를 토대로 합니다.

안병직과 이영훈을 포함해 다수 뉴라이트 인사가 경제학자 출신이란 점에 유의할 필요가 있습니다. 이들은 애덤 스미스의 '이기적인 인간관'을 끌어들여 자신의 '탐욕관'을 합리화합니다. 인간은 이기적인 존재인데 일제강점기에 '어쩔 수 없이(?)' 부역하고, 일본이 한반도에 '투자'하고 '개발'한 근대적 자본주의를 배워 이들이 해방 후 대한민국 자본주의를 이끌고 성공시켰으므로, 이들은 현재 한국인에게 선각자라고 주장합니다. 인간은 이기적인 존재이므로 수단과 방법을 가리지 않고 자기 삶을 보전하고 부를 늘리려 해도 비난하면 안 된다는 말입니다. 이런 주장은 현재 뉴라이트 리더들이 자기 이익을 위해 과거 역사를 일본과 그 부역자들의 입맛에 맞게 가공해도 인간의 이기적 행위일 뿐, 도덕적으로나 역사적으로 비난받을 일이 아니라는 알리바이를 만드는 것과 같아 보입니다.

신자유주의 대표적 이론가들

신자유주의의 대표적인 두 이론가에 대해 살펴보겠습니다. 하이에크와 프리드먼은 세계적인 경제학자이자 신자유주의 전도사입니다. 뉴라이트 이론가들이 두 사람을 떠받드는 이유는 간단합니다. 신자유주의는 종속의 심화로 귀결되고, 이것이 매국 우파의 이해관계와 일치하기 때문입니다.

프리드리히 하이에크

하이에크는 오스트리아 출신 영국 경제학자로, '신자유주의의 사상적 아버지'라 불립니다. 그는 케인스 이론에 가장 강력하게 반대한 인물이자 자유 시장경제 옹호론자로, 고전 경제학의 영광을 현재화하려 했다는 평을 받습니다. 자본주의의 치명적 문제점에 눈을 감아 금융자본의 무한 질주가 불러올 참화를 야기했다는 비판에도 자유롭지 않습니다. 대처노믹스와 레이거노믹스의 사상적 지주로 1974년 노벨 경제학상을 받았고, 시카고대학교와 프라이부르크대학교에서 강의했습니다.

하이에크는 신자유주의를 빠르게 세계화한 장본인입니다. 그는 자본주의의 위기를 고전적 자본주의로 해결하려고 했습니다. 하이에크의 주장은 1980년대 후반 동유럽 사회주의권이 몰락하며 자본주의가 승리의 찬가를 부를 때까지 매우 유효한 듯 보였지만, 2008년 세계 금융 위기가 발생하면서 그의 명성도 모래성처럼 허물어집니다.

하이에크의 신자유주의는 미국 유학파를 통해 대한민국에 유입됩니다. 김영삼은 신자유주의의 구호인 '세계화'를 경제 성공의 보증수표처럼 떠받들고 주장했습니다. 허약한 후진적 재벌 중심 경제 체질과 구조를 보지 못하고 섣부르게 도입한 세계화는 결국 한국 경제를 IMF 외환 위기로 몰고 갑니다.

밀턴 프리드먼

하이에크가 신자유주의의 문을 열고 영국과 미국 정부에서 세계경제의 새로운 활로를 찾은 정책 자문형 인물이라면, 프리드먼은 신자유주의를 일상생활에 끌어들인 대중 선동형 이론가로 꼽힙니다. 프리드먼은 뉴욕 출신 경제학자로, 1976년 노벨 경제학상을 수상했습니다. 하이에크와 마찬가지로 케인스를 집중 공격하며 주목받았고, 케인스와 함께 20세기에 가장 큰 영향을 미친 경제학자로 평가되기도 합니다.

프리드먼은 자신이 애덤 스미스를 가장 잘 이해하고 그 정신을 물려받은 적자(嫡子)라고 주장했습니다. 고전적 시장 자유론을 옹호·계승하고, 거시경제학과 미시경제학, 계량경제학 등 경제학 전 분야에 걸친 경제학자이자 일반 대중을 대상으로 한 저술과 강연으로 신자유주의를 보급한 인물입니다.

1890년 록펠러가 설립한 시카고대학교에 30년 동안 재직하며 이곳을 신자유주의 아성으로 키웠습니다. 이 학교 출신 신자유주의 연구자를 흔히 '시카고 보이(Chicago Boy)'라고 부릅니다. 이들은 중남미 국가 경제 자문으로 활약하며 해당 지역의 신자유주의화(사기업화, 국가 재정 축소, 노조 탄압 등)로 경제를 파탄에 빠뜨리고, 미국 다국적기업의 이익을 극대화하는 데 크게 공헌했습니다.

프리드먼은 자신의 세계경제 이론을 토대로 금융자본주의를 옹호해, '금융 제국의 앞잡이'로 혹독한 비판을 받았습니다. 국내에도 여러 차례 방문해 특히 이명박 정부의 신자유주의 경제 정책을 조언했다고 전해집니다. 윤석열 정부의 핵심 인사로 꼽히는 김태효 국가안보실 제1차장이 시카고대학교에서 신자유주의의 세례를 흠뻑 받은 것으로 알려졌습니다.

프리드먼의 주요 저서는 이명박 정부와 윤석열 정부에 지대한 영향을 끼쳤다고 합니다. 특히 《자본주의와 자유》(1962년)는 자유 시장 질서를 철저하게 옹호하는 동시에 정부의 시장 개입을 단호히 반대하는 서적으로 명성을 얻었습니다. 대통령 후보 시절 윤석열이 이 책의 많은 부분을 유사하게 인용했다고 합니다. 저소득자가 유통기간이 지난 햄버거라도 먹을 자유가 있다는 윤석열의 논리는 프리드먼이 《선택할 자유》(1980년)에서 주장한 내용입니다.

3 / 신자유주의와 뉴라이트

　　　　　신자유주의는 2008년 세계 금융 위기와 함께 수면 아래로 가라앉았으나, 대한민국에서는 뉴라이트 집단에 의해 정치적으로 재기했습니다. 이들은 신자유주의를 자신의 이념을 포장하는 수단으로 활용하고 있습니다. 신자유주의는 그 인간관이 사회진화론(social Dawinism)에 맞닿아 있다는 점에서 위험성이 더 커 보입니다. 허버트 스펜서가 주장한 사회진화론은 다윈의 진화론과 전혀 관련이 없는 극우 정치 이념입니다.

다윈의 자연선택과 적자생존에 대한 올바른 이해

다윈이 쓴 《종의 기원》(1859년)은 생명의 기원과 다양성에 대한 종전 사고방식을 뒤흔들며, 진화생물학의 새로운 시대를 열었습니다. 다윈의 진화론은 자연선택을 통해 오랜 시간에 걸쳐 종(種)이 변화한다는 개념을 제시하며, 현대 생물학의 기초를 놓았습니다. 먼저 다윈의 핵심 개념인 '자연선택'과 '적자생존'을 간략히 짚고 넘어가겠습니다.

자연환경 변화 속에 개체들이 한편으로 적응하고 다른 한편으로 경쟁하는데, 이 과정에서 생존에 유리한 유전자를 가진 개체가 살아남아 번식할 확률이 높습니다. 여기에서 개체의 능력이나 우열은 무관하며, 개체의 환경 적응 여부는 우연적인 적응 과정에 따라 발생한다는 점이 중요합니다.

다윈은 이런 자연선택이야말로 생물의 다양성과 적응성을 이해하는 데 가장 유력한 체계라고 설명했습니다. 예컨대 독수리가 더 높고 넓은 범위를 비행하며 먹이를 찾을 수 있게 된 것은 큰 날개와 상대적으로 뛰어난 시력 덕분이며, 기린의 목이 길어진 것은 높은 나무의 잎을 먹기에 유리하기 때문입니다.

적자생존은 다윈의 진화론에서 가장 논란이 많은 개념입니다. 적자생존은 스펜서가 처음 사용한 사회학 용어로, 다윈은 《종의 기원》 5판부터 이 개념을 썼습니다. 다윈에게 적자생존이란 강자만 살아남는다는 것과 아무 관련이 없습니다. 환경에 적응하는 능력, 즉 생존과 번식에 유리한 형질을 가진 개체가 살아남는 것입니다. 이는 우연적 현상일 수도 있습니다. 예를 들어 남극의 펭귄은 지방층이 두껍고 깃털이 있어 추위에 잘 견딥니다. 펭귄이 강해서가 아니라 추운 환경에 적응한 결과이자, 적자생존의 대표적인 예입니다. 펭귄의 지방층과 깃털이 남극에서 생존에 유리했고, 덕분에 번식하고 유전되고 진화했다는 설명입니다. 다윈은 강자만 살아남고 약자를 지배한다는 의미가 아니라, 다양한 환경에 잘 적응해 생존하고 유전하며 훨씬 다양하게 진화하는 적자생존을 강조합니다.

신자유주의의 또 다른 얼굴, 사회진화론

　　사회진화론은 '강자만 살아남아 세상을 지배하는 것이 당연한 인간 질서'라고 주장합니다. 제국주의의 식민 지배를 정당화하는 논리, 지배계급의 우월성과 정당성을 강변하고, 성 소수자나 장애인은 인간 사회에서 변이이자 열등한 존재이므로 없어져야 한다고 탄압하며, 유색인종을 혐오하고 차별하는 논리로 활용합니다. 전체주의, 나치즘은 유대인 혐오와 학살, 장애인과 성 소수자 차별을 정당화했습니다. 나치는 게르만족의 우월성을 강조하고, 자신들이 세상을 지배할 진화론의 끝판왕이라며 대중을 현혹하고 선동했습니다.

　사회진화론은 전체주의로 가는 지름길입니다. 자신과 다른 생각이나 태도, 행동을 용납하지 않고 차별하고 혐오하며 힘으로 억누르고 폭력으로 자기 의지를 관철하려고 합니다. 미국 민주주의를 병들게 만든 트럼프주의가 그렇고, 세월호 유가족의 단식 현장에 찾아가 조롱하며 배달 음식을 과시하던 일간베스트

(일베) 역시 같은 의미에서 사회진화론을 추종하는 자들이고 차별과 혐오를 부추기는 세력입니다.

여기에 신자유주의가 있습니다. 시장에서 절대 강자를 숭배하고, 끊임없는 경쟁에서 승자를 유전자가 뛰어난 진화의 승리자로 떠받듭니다. 사회적 약자는 패배자이므로 동정과 배려의 대상이 아니라 멸시와 조롱, 차별, 격리의 대상으로 간주합니다. 신자유주의는 민주주의의 대척점에 있고, 뉴라이트는 신자유주의의 이기적 인간관으로 무장하고 있습니다. 대한민국의 뉴라이트가 다른 나라 신자유주의자들과 다른 것은 자국의 역사를 비하하고 미국과 일본에 대한 사대주의로 매진하는데, 이 또한 기득권인 자신에게 '이익이 되는 길'이기 때문입니다. 뉴라이트는 엘리트주의에서 태어나 기회주의로 연명하고 출세주의자로 몸집을 불려, 사대주의자로 최종 목적지를 잡은 듯싶습니다.

2부

뉴라이트 해부

대한민국 사회 한 귀퉁이에서 유령처럼 떠돌던 뉴라이트가 어느 순간 우리 앞에 와 있습니다. 윤석열 정부 들어 정부와 주요 공공 기관장 자리를 꿰차고, 역사를 생뚱맞게 정의하고 있습니다.

1 / NL 주사파에서 '매국 우파'로 전락한 1등 주의자, 그들의 뿌리와 변질 과정

1990년대 말, 한국 정치사에 새로운 물줄기가 형성됐습니다. 그 시작은 역설적으로 진보 진영의 핵심이던 NL 주사파의 좌절이었습니다. 이들의 변화는 단순한 이념적 전향을 넘어 '매국 우파'라 정의할 수 있는 집단으로 변모를 보여줍니다. 국가와 민족을 팔아먹는 세력으로 전락한 이들의 궤적은 한국 현대사의 아이러니를 고스란히 드러냅니다. 이들의 정신적·철학적 퇴락 과정에서 주목해야 할 몇 가지 특징을 생각해봅니다.

엘리트주의자들의 '양지' 찾기

NL과 주체사상에 관한 관심과 탐구는 1986년 초, 당시 서울대학교 법대 82학번 공법학과에 재학 중이던 김영환이 주도한 단재사상연구회에서 비롯됩니다. 이들은 표면적으로 단재 신채호와 정약용의 사상 연구를 표방했지만, 실체는 1980년 5·18민주화운동을 계기로 촉발된 외세(미 제국주의)와 상대적으로 자주적 사상으로 호기심을 자아낸 주체사상을 본격 탐구하기 위한 것이었습니다. 이들은 자신들이 대한민국 사회변혁의 최고 주체라고 믿었습니다.

민족해방을 최대 과제로 인식한 NL 진영과 그 분파인 NL 주사파는 1986년에 본격화한 지 불과 3년 만인 1989년 전대협을 결성, 대한민국 변혁 세력의 중심체가 됐습니다. 그러나 이들이 확신한 변혁 노선은 10년도 가지 않았습니다. 깃발을 든 주체 다수가 전향을 선택하고, 동지를 손가락질하며, 그 동지들을 '종북 세력'으로 낙인찍는 데 앞장섭니다. 자신들이 다시 1등을 할 수 있는 기반을 '보수'와 '북한 민주화 운동'이라는 정반대 좌표에서 찾았습니다. 어떤 사람은 이들의 변신을 용기 있는 선택이라고 했지만, '뉴라이트'로 말을 바꿔 탄 20여 년 동안 이들이 보여준 모습은 진정한 사회변혁이나 민주주의와 거리가 멀었습니다. 기득권 세력에 편승해 1등 자리를 누리고 큰소리칠 수 있는 위치를 노린 것으로 확인됩니다.

'주체'를 외친 '비주체적' 조직 문화

NL 주사파의 특징 가운데 하나가 주요 정치와 경제, 철학이라는 주제에 대해 스스로 혹은 집단으로 치열하게 토론·학습하지 않았다는 점입니다. 대중노선은 그저 주어진 텍스트를 충실히 이행하는 실천 조직이자, 실천 운동이었습니다. 스스로 고민하고 해결책을 모색하는 '수고'를 하지 않았습니다. 주사파의 핵심은 심지어 이미 만들어진 북한의 이론을 무비판적으로 수용했습니다. 그 과정에서 북한의 권위주의와 일인자에 대한 절대적 복종 같은 전근대적·비민주적 조직관이 스며들었습니다. 이런 조직 문화 때문에 중심축의 와해가 전체 조직의 몰락으로 이어졌습니다.

1999년 김영환을 비롯해 주사파 조직의 명망가들이 대거 선택한 전향은, 이들을 맹목적으로 따르던 변혁 희망자들에게 돌이킬 수 없는 충격이자 배신이었습니다. 한때 대한민국 사회에서 영향력이 큰 집단 3위에 오른 한총련도 힘을 잃을 수밖에 없었습니다. 학생운동은 변혁 운동과 시민운동의 귀한 샘물과 같았는데, 그 물줄기가 혼탁해진 것입니다. 한총련은 1996년 8월 13일부터 연세대학교에서 열린 제7차 범민족대회와 범청학년통일대축제 행사를 기점으로 급속히 쇠락기를 맞습니다.

한총련은 8월 13~20일 당시 통일 운동을 추진하던 조국통일범민족연합(범민련) 등과 함께 연세대학교에서 1991년부터 범청학년통일대축제를 열었고, 전국 대학생 2만여 명이 집결했습니다. 경찰 봉쇄로 진입하지 못한 1만여 명은 여타 대학과 시내에서 별도 행사를 치르고 격렬한 시위를 전개했습니다.

정부의 진압 태도는 처음부터 강경하고 집요했습니다. 이참에 학생운동을 완전히 꺾겠다고 작정하고 물리력을 총동원했죠. 전경 5만여 명이 시위 학생에게 혹독한 폭력을 가했습니다. 경찰은 8월 20일 연세대학교 학생관을 마지막으로 진압을 종료합니다. 연행자가 5884명에 이르렀고, 462명을 구속합니다. 이는 1986년 건국대학교 사태 이후 최대 공안 사건으로 기록됩니다.

경찰이 진압 과정에서 저지른 수많은 불법과 인권유린이 고발됐지만, 정부 당국은 요지부동이었습니다. 연세대학교 사태를 기점으로 대한민국 학생운동은 내리막을 걸었고, 사회변혁 운동 전체가 불가피한 변화의 시기를 맞습니다.

연세대학교 사태를 주도한 한총련 지도부의 선택과 투쟁 노선에 대해 지금도 논란이 많습니다만, 지도부의 정세 인식과 판단이 지극히 안이하고 기민하지 못했다는 비판은 피할 수 없을 것으로 보입니다. 범민련이나 한총련 모두 동유럽 사회주의권 몰락 이후 달라진 국제 정세를 읽지 못했고, 정부의 강경 진압 계획에 유연하게 대처하지 못했습니다. 그들은 모험주의가 전국의 조직을 한순간에 털어먹고 조직과 운동권 전체의 파국을 초래할 수 있다는 사실을 생각지 못했습니다. '비주체적' 정세 인식의 필연적 결과로 보입니다.

신자유주의적 인간관의 무비판적 수용

1990년대 들어 동유럽 사회주의권이 몰락하자, 과거 사회변혁 세력 가운데 도식적 사회구성체론(식민지반봉건사회론)에 빠진 이들은 최종 승자라고 여긴 자본주의가 승리한 비결을 찾느라 혈안이 됩니다. 1980년대 미국과 영국을 휩쓴 신자유주의 물결은 이들에게 비밀의 방으로 들어가는 열쇠였습니다.

이기적 인간관을 기초로 시장 경쟁과 승자 독식을 내세우는 신자유주의는 정부와 시민 단체, 노동계의 간섭을 배제한 채, 세계화의 탈을 쓰고 확산했습니다. 주사파의 탈을 벗어던진 이들은 '자본주의 만세'를 외칠 구실이 필요했고, 대한민국 사회에서 신자유주의 내면화에 앞장서는 것이 그 길로 보였을 겁니다.

승자 독식과 경쟁 만능, 복지 축소, 정부의 시장 개입 반대 등 신자유주의 논리는 사회주의를 이긴 자본주의가 취해야 할 당연한 권리쯤으로 여겼는지도 모릅니다. 더욱이 이들은 자본주의를 깊이 탐구하지 않았기에, 자신들이 극복하고자 한 자본주의의 실체와 해악을 구분할 식견 또한 부족했을 겁니다. 이들에게는 이제 바뀐 게임인 시장 자본주의 세계에서 승자가 되는 것이 중요하지 않았을까요?

"현재의 승리를 위해 과거는 과감히 버리자"

전향한 주사파에게는 자본주의 발전이 최고 가치입니다. 북한보다 잘사는 것도 자본주의를 선택한 덕분이고, 그 자본주의를 이식하고 발전시킨 모두를 선구자이자 영웅으로 간

주합니다. 이런 조건에 맞으면 친일이나 친미는 문제가 되지 않습니다. 이는 "조선은 원래 사대하는 나라인데, 그 대상이 중국에서 일본으로 바뀐들 무엇이 문제인가"라는 이완용의 주장과 일맥상통합니다.

이런 배경에서 안병직 교수가 주장한 식민지근대화론이 이들의 사고를 지배한 것은 논리적으로 매우 자연스러워 보입니다. 스스로 사고할 훈련이 안 된 머리 좋은 비주체자, 분야를 막론하고 최고를 향해 달린 이카로스의 후예, 이제는 우기고 조작하고 민족까지 가차 없이 자신의 기득권과 맞바꿔도 좋다고 믿는 이들이 바로 '매국 우파, 뉴라이트'입니다.

2004년 자유주의연대 창립을 기점으로 '뉴라이트'라는 정치 세력이 등장했고, 2005년 김진홍 목사가 이끄는 뉴라이트전국연합이 출범하면서 기독교 극우 세력과 연합했습니다. 이들은 아스팔트 태극기 부대를 만들어 이명박 정부의 핵심 지지 기반으로 자리 잡았습니다. 2017년부터는 과거 총리를 지낸 노재봉이 이끄는 한국자유회의가 그 뒤를 이어 뉴라이트의 논리 발전

대한민국 매국 우파 형성도

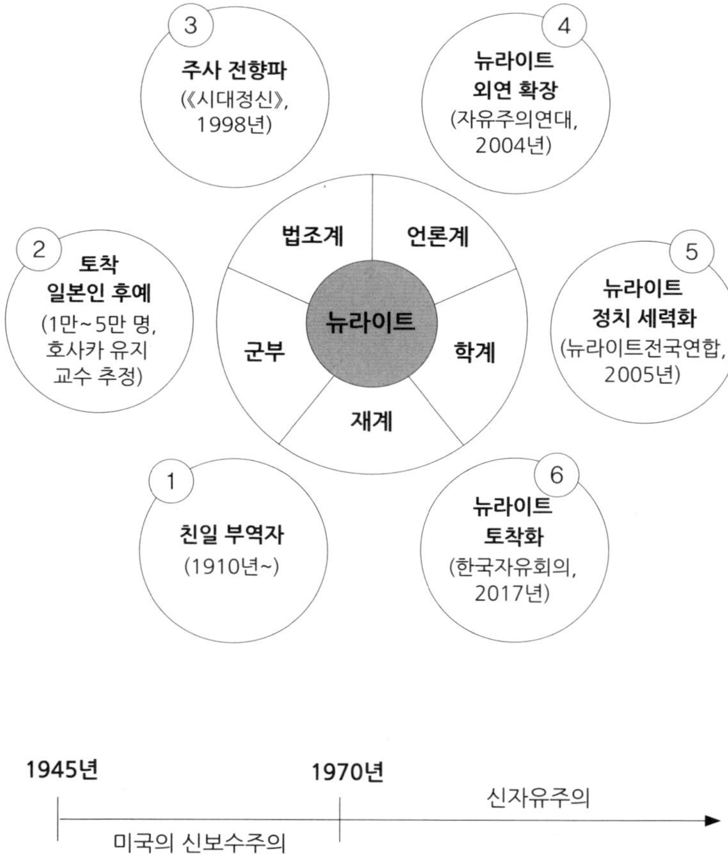

- ③ 주사 전향파 (《시대정신》, 1998년)
- ④ 뉴라이트 외연 확장 (자유주의연대, 2004년)
- ② 토착 일본인 후예 (1만~5만 명, 호사카 유지 교수 추정)
- ⑤ 뉴라이트 정치 세력화 (뉴라이트전국연합, 2005년)
- ① 친일 부역자 (1910년~)
- ⑥ 뉴라이트 토착화 (한국자유회의, 2017년)

중심: 뉴라이트 — 법조계, 언론계, 학계, 재계, 군부

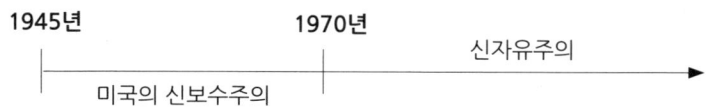

1945년 — 미국의 신보수주의
1970년 — 신자유주의

(version-up)과 보수 정권 내 정책화에 골몰하고 있습니다. 윤석열 정부의 요직을 차지하기도 합니다. 현재 뉴라이트는 안병직이 설립한 낙성대경제연구소가 이론적 토대와 '인재 양성'을 맡고, 한국자유회의가 정책화를 통해 끌고 가는 것으로 보입니다. 과거 민주화 운동의 선봉에 선 이들과 이들에게 '감화'된 후예가 이제는 대한민국 보수 정권의 이데올로그(이념가)로 변모한 셈입니다.

뉴라이트의 등장과 변질, 기득권화 과정은 많은 시사점을 줍니다. 이념의 순기능과 역기능은 무엇인가? 이념의 변질과 기득권화 과정을 보면서 우리는 무엇을 배워야 하는가? 우리가 살아가는 이 시대를 어떻게 읽고, 무엇을 기준으로 시대적 과제를 고민할까? 지난 40여 년 주사파의 매국 우파화 과정은 오늘 우리가 직면한 고통이자 재앙입니다. 한때 뜨겁게 변혁을 주창했지만, 지금은 매국의 주범과 종범으로 지탄받는 이들의 모습은 얼굴을 바꿔가며 계속될 것입니다.

이들의 인간적 고뇌와 탐욕, 기득권을 이해하고 그 대안을 고민하는 것이 우리의 몫입니다. 그렇기에 더욱 이들의 참모습을 알아야 하고, 이들의 망동을 정확히 읽어내야 합니다. 그럼으로써 오늘 우리의 좌표와 방향을 더 명확히 인식할 수 있으리라 기대합니다.

윤석열 정부 요직을 차지한 뉴라이트 인사 현황

이름	소속
김영호	통일부 장관
김태효	국가안보실 제1차장
김광동	진실·화해를위한과거사정리위원회 전 위원장
차기환	방송문화진흥회 이사
박인환	경찰제도발전위원회 위원장
정승윤	국민권익위원회 전 부패방지부위원장
강규형	국가기록관리위원회 위원장
박주희	대통령직속지방시대위원회 제1기 위촉위원
임헌조	전 대통령비서실 시민사회수석실 시민소통비서관
김근태	한국항공우주산업 사외이사
김구회	한국자유총연맹 부총재

2 / 모든 지원금엔 꼬리표가 있다

익히 알려진 바와 같이, 일본은 조선을 침략한 1870년대부터 지식인을 회유하고 매수하는 데 탁월한 능력과 성과를 보였습니다. 친미파 이완용이 친러파를 거쳐 친일파로 정착하는 과정에도 엄청난 부와 귀족 작위라는 '보상'이 주어졌습니다.

호사카 유지(保坂祐二) 교수에 따르면, 일진회를 이끈 송병준은 한술 더 떠 국권 찬탈 직전에 자신이 나서서 병합을 성사하는 조건으로 일본에 1억 원(현재 가치 약 7조 원)을 요구했고, 결국 분할

지급 받았다고 합니다. 일제강점기 우리 역사를 왜곡하는 데 앞장선 조선사편수회의 이병도나 신석호 역시 일본 유학 시절부터 큰 지원을 받았습니다. 이병도는 와세다대학교 은사 요시다 도고(吉田東伍)를 자신에게 가장 많이 영향을 준 인물로 꼽았으며, 아버지같이 모셨다고 합니다. 요시다는 쓰다 소키치(津田左右吉), 이마니시 류(今西龍) 등과 함께 일본의 대표적인 식민사학자로 꼽히는 인물입니다.

일본에 포섭된 지식인들

이병도는 해방 후 반민족행위특별조사위원회(반민특위)에 기소됐으나 이승만의 반민특위 탄압과 해체로 기사회생했고, 한국전쟁 뒤 역사학계를 장악합니다. 일제강점기 한국 역사학의 계보는 독립운동에 헌신한 독립투사들의 혼으로 기록되고 있습니다. 박은식 선생을 필두로 이상룡, 김교헌, 신채호 등이 이들입니다.

그러나 민족사학의 전통은 이승만 정권에서 친일파가 득세하며 학계에서 완전히 밀려나고, 외로운 길을 걷던 학자들조차 유령 취급당합니다. 일제강점기 좌파 이론을 근거로 역사학을 연구한 백남운이나 김석형 등도 있었으나, 이들은 한국전쟁 전에 월북해 이 계보 역시 한국 역사학계에서 자취를 감춥니다.

한국전쟁 후 반공 이념을 등에 업고 이병도, 신석호 등이 서울대학교와 고려대학교를 장악하며 그 제자들이 식민사학 이론을 활개 치게 만든 것이 작금의 현실입니다. 이병도와 신석호의 후예는 여전히 고대 한사군의 중심 낙랑이 지금 중국의 요동 지역이 아니라 북한의 평양에 있었다고 주장하고, 일본이 애지중지하는 임나일본부설을 색깔만 바꿔 재생산하며, 김부식의 《삼국사기》 초기 기록을 아무런 역사적 사료나 근거도 없이 무시하려 합니다. 모두 일본에서 물려받은 식민사학의 잔재입니다.

조선의 지식인 회유에 일가견이 있던 일본은 1965년 한일 국교 정상화 이후 대한민국 재상륙을 위해 다양한 프로젝트에 나선 것으로 알려졌습니다. 반일 민족주의가 강하다 보니, 일본은 강력한 경제적 지원으로 대한민국 정치인과 지식인을 회유해 우군으로 확보하려 나섭니다. 가장 좋은 명분은 일본 유학을 대거 유치하거나, 일본 연수 프로그램을 전폭적으로 지원한 것입니다.

이 지원금은 처음에 대가를 요구하지 않습니다. 그러나 횟수가 거듭될수록 받는 이에게 보이지 않는 채무가 쌓이고, 뭔가 해야 한다는 채무 의식이 생깁니다. 여기부터 2단계가 시작됩니다. 채무자들이 일본에 우호적인 분위기 형성에 앞장서게 하고, 한 발 더 나가 일본에 적극적인 지지 세력이 될 것을 요구하고 지원합니다.

일본은 1970년대 욱일승천하는 경제력을 바탕으로 민관이 합동해 '쿨 재팬(Cool Japan : 매력적인 일본) 운동'을 전개합니다. 민관 합작으로 국제교류기금(Japan Foundation)을 만들어 전 세계를 대상으로 일본의 문화를 전파하고, 일본어를 보급하며, 일본 유학생을 대거 유치합니다. 특히 대한민국과 대만 등 인접국에 파격적인 지원을 아끼지 않았습니다.

일본에 다녀온 다수 지식인은 어느덧 자연스럽게 '선진 일본' '아름다운 일본'을 찬양하는 전도사가 됩니다. 연세대학교 윤기중 교수(윤석열 부친)는 대한민국 내 일본 '문부성 장학생 1호'입니다. 일본의 유학생 유치와 지원 열풍은 대세가 미국 유학으로 바뀌는 1990년대에 다소 누그러졌지만, 달러 대비 엔화 환율을 평가절상 하기로 한 1985년 '플라자 합의'를 통해 일본이 경제 쇠망의 늪에 빠지면서도 포기하지 않은 국책 사업이었습니다.

일본의 '중진자본주의론'으로 출구 찾기

서울대학교 경제학과 안병직 교수는 1985년, 도쿄대학교 교환교수로 갑니다. 그는 여러모로 일본의 대한민국 지식인 포섭 프로그램에 최적의 인물이었을 것으로 보입니다. 안병직은 서울대학교(57학번) 대학원 시절부터 나름 진보적 지식인의 길을 걸었다고 알려졌습니다. 당시 접하기 쉽지 않은 마르크스와 마오쩌둥의 저서를 일본을 통해서 구해 탐독하고, 암울한 경제 후진국의 현실을 개탄하며 동료나 선후배와 깊은 토론을 나눴다고 합니다. 1960~1970년대 서울대학교 운동권의 주요 이론가로 통하기도 했습니다.

김정남(61학번), 김근태(65학번)와 가까웠고, 통일혁명당 사건으로 고초를 겪은 김수행(62학번), 신영복(60학번)과는 수시로 토론하며 호형호제했다고 합니다. 경제학과 2년 선배 박현채(55학번)와는 비록 1980년대 중반 '사회구성체 논쟁'의 대척점에 있었으나, 1995년 박 선생이 병환으로 타계할 때까지 같이 휴가를 보내기도 하고 매우 가까운 관계를 유지한 것으로 알려졌습니다. 김문수(71학번)를 노동운동가로 이끈 것도 안병직입니다.

그런 안병직에게 1984년 발화해서 이듬해 《창작과비평》을 통해 활화산이 돼 타오른 사회구성체 논쟁은 큰 변화의 계기로 보입니다. 1985년부터 1990년대까지 대한민국 진보 진영을 달군 사회구성체 논쟁은 대한민국 사회의 발전 단계를 어떻게 평가할까, 그에 따라 변혁 운동의 주체와 방향을 어떻게 수립할 것이며,

장·단기 변혁 운동의 과제를 도출할 것인가를 목표로 치열하게 전개됐습니다.

논쟁 초기인 1985년, 대한민국 사회의 성격을 보는 시각은 크게 국가독점자본주의론과 식민지반봉건사회론으로 나뉩니다. 박현채와 이병천, 조희연 등은 대한민국 사회가 이미 상당히 진전된 국가독점자본주의로, 변혁의 주체는 당연히 노동계급이 돼야 한다고 봤습니다. 반면에 안병직과 이대근 등이 주장한 식민지반봉건사회론은 대한민국 사회에 여전히 봉건사회의 잔재가 있으며, 특히 과거 일본에 이어 미국을 제국주의로 규정하고, 제국주의의 착취 그늘에 있어서 정상적인 자본주의로 성장하기는 불가능하다고 봤습니다. 따라서 변혁의 주체는 지식인을 포함한 노동자, 농민 등 다양한 계층의 연합이어야 한다고 주장했습니다.

식민지반봉건사회론은 1960~1970년대 라틴아메리카를 풍미한 종속이론의 한국판 변형 이론입니다. 종속이론과 주변부 자본주의론 등은 1960~1970년대 라틴아메리카를 중심으로 안드

레 군더 프랑크(Andre Gunder Frank), 도스 산토스(Dos Santos) 등 남미 경제학자들이 주창했는데, 이들은 남미의 오랜 경제적 낙후를 식민지 수탈 체제의 연장선에서 이해했습니다. 따라서 가장 중요한 변혁 과제는 식민 관계를 끊고 독자적 발전의 길로 가야 함을 의미합니다. 안병직이 주장한 식민지반봉건사회론 역시 크게 다르지 않습니다. 이들은 대한민국 사회의 변혁 과제와 해결 방향을 빈부 격차, 계급 간 모순이 아니라 식민지 체제의 근절이라고 봤습니다. 식민지반봉건사회론은 NL 진영에서 동유럽 사회주의권이 몰락한 1990년경까지 대한민국 사회를 규정하는 주요 분석 체계로 활용됩니다.

그러나 논쟁이 진행될수록 식민지반봉건사회론은 박현채를 비롯한 국가독점자본주의론에 이론적으로 밀립니다. 가장 큰 이유는 종속이론 자체가 저개발국의 현실 경제 현상과 원인을 밝히는 데 문제점이 많이 노출됐고, 이 이론을 근간으로 한 식민지반봉건사회론이 대한민국 경제 현실을 설명하는 데 설득력이 매우 취약했다는 점에 있습니다. 남미의 이론을 도식적으로 차용하고 기계론적 마르크스주의와 마오이즘까지 활용해 분석하다 보니, 대한민국은 라틴아메리카와 달리 1980년대 들어서면서 나름 건실한 자본주의적 발전을 거듭하는 현실을 자신들의 이론으로는 설명하기 어려운 상황에 봉착한 것입니다.

제국주의의 지속적인 착취 구조 때문에 자본주의로 발전할 수 없다는 이론은 점차 설득력을 잃고 맙니다. 실제로 종속이론은 동유럽 사회주의권의 몰락과 함께 연기처럼 사라졌습니다. 자본주의적 착취가 없는 사회주의권이 붕괴했다는 사실이 이론의 근저를 허물었기 때문입니다.

한편 1980년대 들어서면서 원전을 통해 정통 변혁 이론을 습득하고 무장한 국가독점자본주의론과 이후 신식민지국가독점자본주의론 앞에서 일본 좌파 이론을 통해 형성된 식민지반봉건사회론은 철학적 입장에서 사적유물론에 대한 몰이해와 기계론적 해석, 카우츠키적 수정주의라는 맹공을 받기에 이릅니다. 현실 분석과 이론의 한계가 드러난 것입니다.

이 무렵 안병직은 일본 《역사 평론》에서 나카무라 사토루(中

村哲) 교수가 쓴 〈중진자본주의의 길〉이란 논문을 발견합니다. 교토대학교 경제학부 나카무라 교수는 역사학자로 출발해 경제사를 연구한 인물입니다. 일본에서는 아시아 중심 역사 해석이라는 입장으로 알려졌다지만, 우리나라에서는 '중진자본주의 전도사'로 유명합니다.

안병직에게는 피난처로 인식됐을 것으로 보입니다. 중진자본주의론은 후진국도 선진국의 도움만 있다면 자체적 자본주의 성장을 통해 중진국 이상을 따라잡을 수 있다고 주장합니다. 그러나 이런 따라잡기(catch-up)도 분명 한계가 있다는 지적을 받았습니다. 부분적인 모방이나 가능하지, 근본적인 체제 발전에는 한계가 있다는 얘기죠. 반봉건성, 즉 피착취국의 위상을 바꿀 수 없기 때문이라는 것입니다. 이 관점에서 중진자본주의론은 식민지반봉건사회론의 결함을 일부 보완한 수정주의라 할 수 있습니다. 그러나 식민지반봉건사회론이나 중진자본주의론은 동유럽 사회주의권 몰락 후 종속이론과 함께 침몰합니다.

여기서 흥미로운 사실은 식민지반봉건사회론이나 이후 식민지

근대화론은 모두 식민지는 제국주의의 입장과 판단에 역사적 운명이 결정되는 피조물일 뿐이라는 점입니다. 매우 수동적이고 종속변수에 불과하다는 말이죠. 구조와 관계를 설명하는 듯하지만 실제로는 독자적인 발전도, 식민지에서 벗어나려는 투쟁이나 노력도 관심이 없습니다. 두 이론에서 독립, 독자적 발전, 주체적 시각은 전혀 보이지 않습니다.

안병직은 1985~1987년 도쿄대학교에 머물며 한편으로 빛바랜 식민지반봉건사회론을 중진자본주의론으로 보완하면서, 자신이 설명하지 못한 대한민국 자본주의 발전의 근원을 일제강점기에서 찾는 작업에 돌입합니다. 그가 만들 식민지근대화론이 일본의 도움을 받아 대한민국이 따라잡을 수 있게 된 것이라는 모델이라면, 따라잡기에 따른 모방은 근원적 발전의 길이 아니므로 대한민국은 영원히 일본의 지배력에서 벗어날 수 없다는 논리로 귀결되는 것은 아닐까 추론합니다. 이 시기에 그는 일본의 적극적인 관심과 후원을 받으며, 식민지근대화론의 초석을 다듬습니다.

'극우 일본'의 지원금

1987년 귀국한 안병직은 곧바로 성균관대학교 이대근 교수와 함께 낙성대경제연구소를 설립, 실증을 기반으로 대한민국 근대 경제 연구에 돌입합니다. '실증'이란 단어에 주목할 필요가 있습니다. 일본의 식민사학자들은 독일에서 실증주의 역사학을 받아들이며, 유난히 실증을 강조했습니다.

'실증주의 역사학'의 아버지라 불리는 랑케가 강조한 것처럼 철저히 객관성을 유지하고 객관적인 사료에 근거해야 한다는 명분과는 전혀 다릅니다. 매우 정치적인 구분 방식으로, 실상은 자신들이 유효하다고 판단한 사료나 사건을 제한해서 인정하고 자신들이 인정한 사실의 얼개로 만든 작품이 '진실'이라고 주장합니다.

같은 맥락에서 조선총독부가 만든 자료만 기준으로 합니다. 그들은 2차·3차 교차 검증이나 다른 시각이 개입할 여지를 봉쇄한 채 자신들의 자료와 숫자로 만든 것을 '실증'이라 합니다. 식민지근대화론에서 강조하는 일제강점기 조선의 자본주의화 역시 그 목적과 과정, 보상 등을 생략했습니다. 도로와 철도, 공장, 노동자, 학교 수 등의 증가를 나열한 뒤 자본주의의 토대와 성장이 이뤄졌다고 주장하는 것입니다.

안병직식 '실증' 경제학도 일제강점기 조선의 경제적 수치가 상승했으니 자본주의화가 된 것이고, 조선 일반 민중의 삶이 자연히 향상됐다고 주장합니다. 왜 그런 투자가 발생했는지, 그 성과가 어디로 갔는지, 과정이 어땠는지는 묻지 않습니다. 안병직이 주장하는 실증 경제학의 민낯입니다.

안병직은 도요타재단의 막대한 후원에 힘입어 한일 학자 14명이 참여한 기획 저작을 발간합니다. 《근대 조선의 경제구조》(1989년)와 《근대 조선 수리조합 연구》(1992년) 등이죠. 이런 책의 내용은 안병직의 제자 이영훈과 그 추종자들이 뉴라이트의 주요 이념적 근거로 활용하고 있습니다.

"조선은 스스로 자본주의화(근대화) 될 능력이 없었지만, 일본 식민지 시기 자본주의적 초석이 닦이면서 이후 자본주의화가 가능해졌다. 오늘날 대한민국 경제가 크게 성장한 것은 일본의 도움이 절대적이었고, 일제강점기 자본주의화에 협력한 자(부역자)들이 선각자들이다." 이것이 안병직과 그 추종자들이 주장하는 중진자본주의론입니다.

안병직과 낙성대경제연구소의 뒷배가 일본 극우라는 사실에는 의심할 여지가 없습니다. A급 전범 사사카와 료이치(笹川良一)가 세운 일본재단(The Nippon Foundation, 사사카와재단 후신)의 거금이 수시로 우리나라 주요 대학교와 지식인들에게 제공됐다는 사실도 분명합니다. 1995년 연세대학교에 '아시아연구기금'이란 이름으로 포장해 100억 원을 지원했고, 기금의 초대 이사장이 류석춘 교수였으며, 저명한 정치학자 문정인 교수가 다음 이사장직을 수행했다는 사실도 드러났습니다. 이 기금의 전달 창구가 윤기중 교수였다는 소문이 무성합니다. 기금은 애초 1995년부터 10년간 비밀리에 운영하기로 약정했는데, 2000년대 초반 언론에 정체가 드러나 큰 물의를 일으켰습니다. 기금의 사용처 또한 정확히 알려지지 않았습니다.

그 외 사사카와재단과 기업의 얼마나 많은 지원금이 '후원금'이라는 꼬리표를 달고 얼마나 많은 교수와 지식인, 여론 주도자에게 전달됐는지 가늠하기 어렵습니다. 사사카와 료이치는 일본의 비호 아래 태평양전쟁 직전, 만주국에서 마약을 팔아 번 돈을 토대로 정계에 진출했습니다. 태평양전쟁 시절에는 거액의 전쟁 후원금을 제공하고 가미카제를 창안했으며, 자신이 파시스트고 무솔리니를 가장 존경한다고 떠벌린 자입니다. 패전 후 A급 전범으로 3년을 복역한 뒤에는 도박 사업으로 일본 최대의 부자가 됩니다. 많은 사람이 사사카와재단을 일본 극우 야쿠자 자금으로 운영된다고 하는 까닭입니다.

사사카와는 1974년 《타임》지 인터뷰에서 "나는 전 세계에서 가장 돈이 많은 파시스트"라고 자랑하기도 했습니다. 그런 이유로 프랑스는 사사카와재단의 설립을 불허했습니다. 이 재단이 우리나라 주요 대학교에 지원금 수백억 원을 살포했다는 것은 공공연한 상식에 속합니다.

돈으로 매수된 다수 지식인은 점차 돈 준 자들의 논리를 재생산하고 옹호하는 데 앞장섭니다. 어느 지점부터는 자신들의 행동이 '애국'이라고 떼 지어 우깁니다. 차라리 잘됐습니다. 저 역시 최근에야 저들의 실체와 논리, 배경과 과정을 고스란히 알았으니까요. 많은 시민이 그럴 것이라 믿습니다.

이제 그 정체를 온전히 알았으니, '밀정들'을 역사의 재판정에 어떻게 세울지 고민할 때입니다. 뉴라이트는 매국 우파 집단이자 밀정 집단입니다. 저들은 헌법과 앞으로 제정해야 할 법률로 규제하고, 독일이 연방헌법수호청을 설립해 극단주의 세력을 제어하듯 반국가·반민족 죄를 물어야 합니다. 그날이 멀지 않다고 믿습니다.

3 / 무엇을 위한 선택이었을까?

　　자신이 사는 시대가 혼탁하고 불의로 가득할 때, 그 시대를 바꾸고자 하는 선각자들은 무엇보다 비전을 찾으려 합니다. 대안이 있어야 희망을 꿈꾸고, 세력을 모으고, 세상을 바꿀 수 있기 때문입니다. 고려 말 새로운 국가를 설계한 정도전이 그랬고, 국권 상실 시기에 전 재산을 털어 만주에 터전을 잡고 민주공화정 독립국가를 세우고자 싸운 이회영 선생 일가가 그랬습니다. 광주가 군부독재에 짓밟히고 민주주의가 질식한 1980년 5월, 시대를 고민한 많은 지식인 또한 새로운 사상적 등

불을 밝히고 민주주의를 회복하는 데 분투했습니다.

일부 청춘은 민족문제를 중심으로 주체사상에 호감을 느끼고, 반외세 투쟁의 무기로 활용할 결정을 합니다. 그러나 이들의 분투는 불과 13년 만인 1999년에 막을 내리고, 그 결과 잘못된 길로 접어듭니다. 문제는 이들 상당수가 오늘날까지 자신의 잘못된 선택을 반추하거나 반성하지 않은 채, 되레 '변절'의 화인을 훈장으로 여기며 이카로스의 후예가 됐다는 사실입니다.

이들은 지금 '뉴라이트'라고 불립니다. 20여 년간 세력도 많이 불렸습니다. 한때 이들이 그토록 강조하던 품성론, 동지애나 뜨거운 가슴은 이제 돈과 권력을 향한 욕구로 보일 뿐입니다. 무엇이, 어떤 선택이 이들을 이렇게 만들었을까? NL 주사파의 수장 김영환과 식민지근대화론을 창안한 안병직의 선택 과정에서 그 일단을 찾아보고자 합니다.

김영환의 배신과 변절 과정

앞서 소개한 김영환은 1986년 《강철 서신》이란 소책자를 대학가에 배포하며, 대한민국 사회에서 금기시하던 주체사상에 관한 관심과 '미 제국주의' 문제를 전면에 내걸었습니다. 김영환은 소책자에서 주체적 사상 제고와 미 제국주의 타도 의지 못지않게 조직원의 절제된 생활 습관과 '품성론'을 애써 강조합니다. 품성론의 핵심은 조직과 동지에 대한 헌신과 동지애입니다. 그러나 정작 김영환의 선택과 삶은 그렇지 않았습니다.

첫째, 심진구와 인연 그리고 배신

김영환은 1985년 대학 선배의 소개로 심진구를 만납니다. 당시 구로공단 삼립식품에서 일하며 노동운동을 하던 심진구는 고졸이지만, 왕성한 독서와 사색으로 역사와 철학 등에 조예가 깊었다고 합니다. 김영환은 대학 동기 하영옥과 함께 심진구의 자취방에서 합숙하며 노동운동과 사회과학 공부에 전념했습니다.

이듬해 봄, 김영환은 《강철 서신》 네 편을 대학가에 배포하며 큰 반향을 일으켰습니다. 그중 한 편인 〈선진 노동자의 임무〉는 심진구가 작성한 것을 김영환이 무단 도용한 것입니다. 김영환은 이 일로 심진구와 하영옥에게 큰 질책을 받고 사과했다고 하나, 심진구는 기억하지 못합니다.

그해 11월 김영환은 부산에서 국가안전기획부(안기부 / 국가정보원 전신)에 체포됐고, 심문 과정에서 심진구를 주요 지인으로 지목했습니다. 안기부는 심진구를 불법으로 잡아 가두고 두 달 넘게 혹독한 고문을 합니다. 심진구는 결국 구속돼 3년 남짓 수형 생활을 하고 만기 출소하나, 이후 고문 후유증으로 정상적인 생활을 이어가지 못합니다. 2012년 진실·화해를위한과거사정리위원회(진실화해위원회)의 재심 청구로 무죄판결을 받았지만, 2년 뒤 고문 후유증과 췌장암으로 세상을 떠납니다. 심진구는 "김영환을 만난 것을 후회한다" "용서할 수 없다"는 말을 여러 차례 남겼다고 합니다.

김영환이 안기부의 고문에 따른 강압적 상황에서 심진구 이름을 댔는지는 명확하지 않습니다. 그러나 자신의 사건과 무관한 심진구를 방어해줄 기회는 충분했을 것으로 보입니다. 실제로 안기부는 심진구를 김영환의 배후로 추정하고 가혹한 고문을 했다고 합니다. 김영환은 자신이 어떻게 처신하면 심진구에게 도움이 될지 알았을 것입니다. 김영환은 왜 그런 선택을 했을까, 매우 궁금합니다.

둘째, 전향

김영환은 1990년 형 집행정지로 풀려납니다. 그 까닭은 알려지지 않았습니다. 김영환은 활동을 재개해 1991년부터 두 차례 북한에 밀입국했으며, 김일성과 두 차례 면담하고 조선노동당에 가입합니다. 김일성에게서 미화 4000달러와 권총까지 선물로 받았다고 합니다. 김영환은 NL 주사파의 사실상 수장 역할을 담당합니다.

1997년 민족민주혁명당(민혁당) 중앙위원이던 김영환은 돌연 당의 해체를 일방적으로 선언합니다. 1999년 민혁당이 당국에

노출되자 중국으로 도피했다가, 현지에 긴급 파견된 《월간조선》과 인터뷰한 뒤 안기부에 자진 출두합니다. 이때 전향을 서약·선언하고 불구속 입건됩니다. 아울러 자신이 이끌던 상당수 조직원을 설득해 동반 전향하고, 이후 북한 민주화 운동과 반(反)주사파 운동에 매진합니다.

어떤 이는 김영환의 전향이 잘못된 길을 반성하고 바로잡은 용기 있는 행동이라고 옹호하기도 합니다. 그러나 그가 그토록 아끼는 조직, 동지들과 함께 자신들의 선택과 전략, 방향이 옳았는지, 세계사적 흐름과 방향을 잘못 읽거나 전략이 잘못되진 않았는지 얼마나 충실하고 깊이 논의했는지 알 수 없습니다. 조직과 동지에 대한 강철 대오를 주창하던 그에게 과연 동지나 사상이 어떤 가치와 대의였는지 묻지 않을 수 없습니다.

셋째, 통합진보당 해체에 앞장서다

2015년 국회는 통합진보당 이석기 의원 제명과 통합진보당 해산 문제로 매우 소란했습니다. 이석기 의원은 국회에서 제명됐고, 통합진보당은 헌법재판소 판결에 따라 운명이 달라질 처지에 놓였습니다. 이때 김영환이 등장합니다. 헌법재판소 증인신문에 검찰 측 증인으로 출두해 이석기는 민혁당의 핵심 인물이었고, 통합진보당은 주체사상을 추종하는 집단이라는 취지로 증언합니다. 판결에 결정적 영향을 미친 증언입니다. 이로써 통합진보당은 해산됐고, 정당 해산 결정은 그 정당성에 여전히 논란을 낳고 있습니다.

김영환은 이 증언으로 우파 세력에 전향의 진정성을 확인받았지만, 그의 선택으로 순수하게 민족과 통일을 고민하던 모든 노력과 행동이 반국가 행위로 매도됐습니다. 통일 운동을 매도하는 보수 집권 세력에 좋은 먹잇감이 된 것은 물론입니다. 김영환은 이 선택으로 자신이 열망하던 조국 통일의 길을 수구 세력의 입맛에 맞게 요리해준 셈입니다.

식민지근대화론의 편향된 해석

안병직이 1985년 일본 유학 당시 경제학자 나카무라 사토루에게서 전수한 중진자본주의론은 1987년 그가 설립한 낙성대경제연구소에서 도요타재단의 후원에 힘입어 발간한 한국 근대 경제서 두 권과 함께 식민지근대화론으로 체계를 잡습니다.

요체는 다음과 같습니다.

첫째, 애초부터 근대화(자본주의)적 맹아가 없던 조선이 근대화된 것은 일제강점기 조선에 이식한 자본주의 투자 덕분이다.

둘째, 이 자본주의적 토대를 바탕으로 해방 후 대한민국의 자본주의가 발전할 수 있었다.

셋째, 1980년대 이후 대한민국 경제의 비약적인 성장은 오로지 일본이 자본주의를 이식한 결과다. 따라서 일제에 부역한 친일 인사들이 선구자, 독립운동가들은 테러리스트다.

넷째, 일제에 강제 동원된 노동자와 위안부는 모두 돈을 벌기 위해 경제행위를 한 것이다.

안병직과 그 일파의 이런 주장은 조선총독부 자료를 기초로 자신들의 입맛에 맞게 가공한 것일 뿐입니다. 오늘날 뉴라이트가 굳게 믿는 논리가 얼마나 허망한 것인지 살펴보겠습니다.

자본주의적 '개발'은 '수탈'과 동전의 양면

박태균 선생이 지적한 바와 같이 제국주의 국가들은 자신들이 식민지를 잘 경영하고 개발해 미개한 국가의 성장에 밑받침이 됐다고 너스레를 떨지만, 여기서 그들이 자랑스럽게 주장하는 '개발'이란 용어는 영어로 exploitation입니다. '개발'이라는 긍정적 의미와 동시에 '착취'라는 의미가 있습니다. 모든 제국주의 국가는 식민지를 착취하기 위해 적당히 개발합니다. 다시 말해 근대화(자본주의화)하는 것입니다. 착취할 목적이 없이 근대화한다는 것은 어불성설입니다.

일제는 자신들이 필요한 만큼 도로를 깔고 철도를 부설했으며, 공장을 짓고 제도를 만들었습니다. 일제는 한 번도 조선을 일본과 동격으로 취급하지 않았습니다. 식민지 조선인은 일본인과 완전히 다른 취급을 받았습니다. 일본에 병합돼서 일본 국적을 가졌다는 김문수의 주장은 허무맹랑합니다. 일제는 조선인에게 일본인 국적을 부여한 적 없습니다. 조선인은 조선총독부의 통치 아래 별도의 법으로 학대를 당하고 식민 교육을 받았습니다. 차별적으로 재판을 받았고, 경제활동은 별도의 화폐로 제한됐으며, 심지어 징용됐습니다.

따라서 일제가 일본과 식민지 조선을 동등한 입장에서 내선일체를 추진했다는 주장은 100퍼센트 거짓이고 기만입니다. 거짓과 기만을 기반으로 한 식민지근대화론은 그 자체가 궤변이고, 매국 우파가 대한민국을 또다시 일본에 팔아넘겨 사익을 취하려는 음모의 서막일 뿐입니다.

자본과 물신이 춤추는 '기회주의'

　　　　　새는 좌우의 날개로 하늘을 납니다. 한쪽 날개로는 하늘을 날 수 없습니다. 1980년대 중반, 김영환을 비롯한 NL 주사파는 대한민국 사회를 분석하면서 민족문제에 골몰한 나머지 자본주의적 모순과 심각함을 간과했습니다. 더욱이 주체적으로 세상을 분석하지 않고, 누군가 지나간 시대에 내린 해석을 일방적으로 빌리는 우를 범했습니다. 1980년대 후반에는 몰락하는 동유럽 사회주의권을 보면서 사회주의 패배와 자본주의 승리라는 이분법에 사로잡혀, 반세기 이상 서유럽에서 자본주의와 사회주의의 문제점을 분석하며 그 대안을 찾으려고 노력한 모습은 무시했습니다.

　엘리트주의에 빠진 김영환 부류는 대중운동을 외쳤지만, 정작 자신들은 '지도 이념'에 매몰돼 시민운동의 성숙과 발전을 생각하지 못했습니다. 전향한 뒤에는 북한 민주화 운동에 골몰하다 보니, 유일하게 받아준 수구 우파의 품을 파고들었습니다. 기득권 수구 우파의 온돌과 일본재단 같은 일본 극우 자본의 유혹에 영혼을 내줬습니다. 민주주의와 민족 같은 '가치'는 자본과 물신이 춤추는 '현실주의적 기회주의'로 대체됐습니다.

편향된 세계관과 흑백논리를 선택지로 이해하는 이들에게는 애국이든, 매국이든 문제가 되지 않습니다. 애국의 열정에서 출발했지만, 악수(惡手)를 거듭한 결과인 오늘의 그들에게 문득 묻고 싶습니다.

"무엇을 위한 선택이었습니까?"

4 / 자존의 길 vs. 자비의 길

자존심이 타인과 경쟁 관계에서 원하는 바를 얻는 긍정적 마음이라면, 자존감은 자신을 그 자체로 존중하고 사랑하는 감정의 의미로 쓰입니다. 자존감이란 주제는 1890년대부터 유럽 심리학계에서 큰 주목을 받았다고 합니다.

자존심과 자존감은 모두 인간의 심리적 영역이지만, 큰 차이가 있습니다. 자존심은 타인과 관계에서 나타나는 즉각적인 감정 반응이지만, 자존감은 자신(자아)에 대해 작게는 체계적인 자기 인식, 좀 더 크게는 나름의 인생관이나 세계관을 포함합니다. 그래서 개인이나 집단이 자존심을 세우기는 쉽지만, 자존감에는 축적된 노력과 경험, 역사적 맥락이 있어야 합니다.

자존감에는 주체적 자기 인식을 전제로 독립적인 사고가 필요합니다. 저는 우리 민족에게 단군에서 비롯된 자존의 실체는 적어도 조선 중기까지 이어졌다고 생각합니다. 《삼국유사》에 따르면 기원전 2333년에 천손 단군이 독자적으로 조선(朝鮮)이라는 나라를 세우고, '홍익인간(弘益人間), 재세이화(在世理化)' 정신으로 세상을 다스렸습니다.

우리가 고조선이라고 부르는 나라의 역사적 실체가 분명하게 전하진 않지만, 민족정신에 자리한 단군과 단군의 자손이라는 의미는 그 깊은 통치 원리와 함께 문화, 생활 곳곳에 깃든 자존감의 중심에 있었다고 봅니다. 그런 까닭으로 박은식 선생을 비롯해 김교헌, 이회영, 이상룡, 신채호 등 일제강점기 독립지사는 하나같이 고대사를 연구한 역사가입니다. 민족의 정기와 정체성 회복의 실마리로 단군조선을 염두에 둔 것입니다.

반대로 일제는 지속적인 식민지 수탈 체제를 만들기 위해 무엇보다 조선인 자존감의 원천을 없애야 했습니다. 이에 자존(自尊)을 대신할 자비(自卑), 즉 자기 비하의 역사관을 깊이 심고자 했습니다. 조선총독부가 1925년 설립한 조선사편수회는 이병도, 신석호를 앞세워 조선 역사를 왜곡·비하합니다.

문제는 일제가 만든 식민사학이 이병도와 신석호의 제자들이 장악한 한국사학계에서 청산되지 못한 상황에, 뉴라이트가 세력을 키워 급기야 정치권력까지 장악했다는 점입니다. 이 세력은 독립기념관, 한국학중앙연구원, 국사편찬위원회, 동북아역사재단 등 대표적 역사 기관장을 뉴라이트 인사로 채웠습니다. 이들의 목적은 분명합니다. 자존의 한국사를 지우고 조선총독부 시절처럼 자비의 식민사관을 부활시키는 것입니다.

우리 역사 곳곳에서 놀라운 공통점이 발견됩니다. 자존의 길에 선 사람들은 사대주의를 경계하고, 독자적인 발전의 길을 모색했으며, 실용적 외교정책을 추진했습니다. 반면 자비의 길에 선 자들은 한결같이 사대주의의 길에서 개인이나 당파의 이익에 앞장섰고, 실용보다 이념을 추구·강요했습니다. 저는 조선 숙종 때 개혁 사상가 윤휴와 송시열에게서 그 대척점을 발견합니다. 윤휴는 개혁과 국가의 이익을 고민했고, 성리학을 유연하고 실용적으로 해석하려 했으며, 경제개혁을 통해 백성의 복리 증대를 추구했습니다. 그러나 송시열과 노론의 대척점에 있었다는 이유로 비운에 처했습니다. 윤휴의 정신과 그가 선택한 자존의 길을 돌아보고, 오늘날 뉴라이트가 선택한 자비의 길이 얼마나 허망한 이념의 틀에 갇혀 있는지 살펴보겠습니다.

윤휴의 길 vs. 송시열의 길

윤휴와 송시열은 작은 공통점과 큰 차이점을 드러낸 인물입니다. 나이는 송시열이 열 살 많았습니다. 송시열은 윤휴의 명성을 듣고 병자호란(1636~1637년) 직후 속리산 복천사로 향합니다. 이 사찰에서 사흘간 열띤 토론을 한 뒤 "30년간의 내 독서가 참으로 가소롭구나!"라며 한탄했다고 합니다. 윤휴는 약관의 나이에 이미 뛰어난 학자로 성장한 겁니다.

이 자리에서 두 사람은 청나라 태종의 무도한 조선 침략과 인조가 당한 굴욕에 비분강개하며 함께 나라를 바로 세우고 북벌에 나서자며 다짐했다고 합니다. 그러나 이후 행보는 정반대입니다. 윤휴는 자존과 개혁의 길을, 송시열은 주자를 이념화하고 권력 획득에 골몰한 노론 수장의 길을 걷습니다.

첫째, 북벌에 진심인 자 vs. 정치적 거래 대상으로 본 자

윤휴는 북벌을 필생의 과업으로 여겨 현종과 숙종 대에 이르기까지 줄기차게 주장했습니다. 특히 청나라에서 삼번의난을 비롯해 지방 호족의 반란이 자주 일어나자, 이를 기회 삼아 주변 소수민족의 적극적인 호응을 끌어낸다면 효종 시절부터 절치부심 키워온 10만 강군으로 심양(瀋陽)까지 너끈히 도모할 수 있다고 판단했습니다. 승리할 수 있는 전쟁을 위해 호포제(양반을 포함해서 가진 땅에 비례해 가구별로 조세를 거두자는 제도)를 도입한 조세개혁으로 민생을 도모하고, 총포류를 정비·개량하며, 일종의 전

차라고 할 수 있는 병거를 제작하는 등 실질적인 전력 강화에 주력했습니다.

반면 송시열은 효종 시절, 앞으로는 북벌에 호응하면서도 뒤로는 양반들의 호포제 반대 여론을 등에 업고 전쟁 준비에 필요한 사회·경제 개혁과 제도 정비에 반대합니다. 실질적으로 북벌의 발목을 잡고, 정치적 거래를 통해 서인(西人) 세력 확대에 골몰한 셈입니다. 조정 회의에서 밀리면 유생들을 동원해 반대 집회나 집단 상소로 개혁과 북벌에 반대하는 노회한 정객의 면모를 유감없이 발휘합니다.

1680년(숙종 6) 청나라 내 반란이 잦아들자, 송시열은 북벌을 시대착오적 허세로 몰아세우고 서인의 집권을 위해 윤휴를 비롯한 남인(南人)을 거세할 음모를 수립합니다. 그 결과가 경신환국입니다. 숙종 대에 자주 발생한 환국(換局)은 '정권 교체'를 뜻하는 단어지만, 경신환국은 그야말로 정치적 참극입니다. 당시 영의정 허적을 비롯해 수많은 남인과 왕족을 처단했고, 윤휴까지 휘감아 목숨을 빼앗았습니다. 급기야 서인 세력은 남인을 견제한 음모의 주모자 김석주의 처리를 둘러싸고 노론과 소론으로 갈라서는 지경에 이릅니다.

임진왜란(1592~1598년)과 병자호란 이후 나라의 치욕을 씻고 사회 개혁을 꿈꾸던 윤휴는 기득권 강화에 골몰한 송시열을 비롯한 서인 세력의 모략에 굴복합니다. 두 사람의 북벌은 이렇게 결론이 납니다. 《주역》〈계사전〉에 나오는 덕박위존(德薄位尊)은 '도덕심은 없으면서 지위만 높다'는 뜻입니다. 인격과 능력을 갖추지 않은 채 오직 출세를 위해 기회주의적인 행동을 일삼는 사람을 가리키는 말로, 송시열 같은 자를 두고 한 말이 아닌가 싶습니다.

둘째, 예송 논쟁에서 드러난 송시열의 자비관

예송 논쟁은 조선 역사에서 흔히 조정의 한심한 당파 싸움의 일화로 치부합니다. 식민사학자들이 앞장서 구중궁궐 권력 다툼의 소재로 활용하며 과대 포장하죠. 논쟁의 본질을 보지 않고 시시콜콜한 궁중 암투만 과장합니다. 두 차례에 걸친 예송 논쟁에서 누가 죽었을 때 얼마 동안(3년 혹은 1년) 상복을 입어야 하는가 같은 세세한 내용은 중요하지 않습니다. 본질은 조선 국왕의 왕권을 자주국의 위상에 걸맞게 보느냐, 중국에 예속된 제후국 수준에서 보느냐 하는 문제였습니다.

서인 세력은 인조반정(1623년) 이후 조선을 명나라의 제후국으로 천명했습니다. 조선의 왕이 '제후'라면, 명나라 황제 앞에서 조선의 왕과 신하는 품계의 차이가 있을 뿐 같은 신하입니다. 조선 전기에는 찾아볼 수 없는, 자주국의 위상 대신 서인이 주무르는 사대의 신하국을 추구한 것입니다. 왕은 꼭두각시를 세워놓고 서인(노론) 세력이 나라를 통치하겠다는 음모이자, 사대주의에 기대어 자신들의 뱃속을 채우려는 작태입니다.

반면 남인과 윤휴가 조선 국왕의 위상을 높이려는 태도는 자주국의 위상을 유지하고, 조선 전기처럼 명나라와 적절한 사대 관계를 유지한다는 견해에서 연유합니다. 논쟁이 처음 벌어진 때(1659년)는 서인이, 2차 예송 논쟁(1674년)에서는 남인이 승리했습니다. 송시열은 국왕의 권위를 낮추는 방향으로 상복 착용 시기 단축을 주장했고, 남인과 윤휴는 왕의 권위를 높이는 자세를 취하며 격렬한 논쟁을 벌였습니다. 이 과정에서 윤휴와 송시열은 상대방의 사상적 참모습을 확인하고, 공존하기 힘든 적대 세력임을 확신합니다.

셋째, 《중용》의 해석을 둘러싼 대립

조선의 집권 세력은 임진왜란과 병자호란을 거치며 류성룡 등이 주창해 백성에게 큰 호응을 얻은 개혁 대신 기득권 강화를 택했습니다. 전쟁 중에 내건 모든 약속은 연기처럼 사라지고, 가중된 조세와 노역을 요구했습니다. 특히 사대부에게는 인조반정 이후 정치학의 교과서라 할 《중용》에 대한 사견이나 재해석이 전혀 허용되지 않았습니다. 기득권 세력은 사상적 통제로 기득권 수호를 도모했습니다.

송시열이 이끈 서인 세력은 주자의 《중용》 해석에 이견을 제시하는 자는 체제에 도전하는 이단이자, 사문난적으로 몰아세웠습니다. 성리학은 이제 학문이 아니라 이념이요, 종교가 된 것입니다. 이이와 이황이 성리학에 대해 자유롭게 논쟁한 시기는 종말을 고하고, 사상 통제와 유일 이념으로 주자의 해석만 강요했습니다.

윤휴는 주자를 대하는 태도가 서인과 완전히 달랐습니다. 주자가 살기 이전인 진(秦), 한(漢), 당(唐)나라 시대 경서와 주석을 널리 읽고 참고해 자신의 학문과 사상적 굴레를 넘어서려 했습니다. 이런 측면에서 어떤 사람은 윤휴를 독자적인 성서 해석으로 종교개혁을 이끈 독일의 마르틴 루터와 비교하기도 합니다.

주자의 《중용》 해석에도 과감히 자기 의견을 개진했습니다. 주자가 기술한 주석서 《중용장구집주(中庸章句集註)》를 새롭게 해석한 것이죠. 윤휴는 《중용》에 대한 지나치게 형이상학적 해석을 비판하고, 일상으로 끌어내리려 했습니다. 평범한 일상을 다루는 경전의 내용조차 굳이 복잡한 형이상학으로 해석할 필요가 없다는 의견입니다. 송시열을 비롯한 서인의 비난과 상소가 빗발쳤고, 윤휴를 사문난적이라 공격했습니다.

사문난적은 유교를 뜻하는 사문(斯文) 이념에 반대하는 사람이나 사상을 공격할 때 동원된 용어로, 고려 말 성리학이 본격적으로 도입되면서 생겼습니다. 조선 시대 성리학이 국시가 되면서 반역자의 의미로 사용했고, 명종 중반인 1560년경부터 사림파가 조정을 장악하면서 정적을 매장하는 데 악용했습니다. 오늘날로 치면 '빨갱이'와 같은 의미입니다.

성리학이 교조화된 조선 후기에 사문난적으로 몰리는 것은 사회적 매장 혹은 사형선고와 다름없었습니다. 윤휴는 때마침 불어닥친 경신환국의 피바람으로 마녀사냥을 당했으며, 결국 사약을 받고 죽습니다.

송시열에게 윤휴는 단순한 정적이 아니었습니다. 노론의 핵심 회원 남기제가 1849년에 쓴 노론의 당론서 《아아록(我我錄)》 권 2에 실린 윤휴의 다음 발언이 그를 사문난적으로 몰아 죽인 가장 큰 이유로 알려졌습니다. "천하의 허다한 이치를 어찌 주자 홀로 알고 나는 모르겠는가. 주자가 다시 온다면 내 학설이 억눌리겠지만, 모름지기 공자와 맹자가 돌아온 연후에는 내 학설이 이길 것이다." 송시열은 《우암연보(尤庵年譜)》에서 윤휴를 반드시 죽여야 할 명분에 대해 "주자가 모든 이치를 밝혀놓았는데, 윤휴가 감히 자기 소견을 내세워 억지를 부리니 진실로 사문난적이다"라고 일갈합니다.

윤휴는 북벌을 추진했고, 경제개혁을 주창했으며, 주자의 《중용》 해석에 도전했습니다. 이 모두가 서인 세력에게는 눈엣가시였습니다. 송시열은 윤휴를 종용하며 여러 번 전향(?)을 회유했지만, 그의 개혁 의지를 꺾을 순 없었습니다. 정적을 제거한 서인 세력은 일시적으로 남인에게 자리를 내주지만, 노론은 세도정치를 거치며 조선을 멸망으로 이끈 주역이 됩니다. 일제에 조선을 팔아넘겨 작위를 받은 자 가운데 87퍼센트가 노론이고, 이완용이 노론의 마지막 당수입니다.

어떤 이는 윤휴를 시대의 흐름을 제대로 읽지 못한 모험주의자이자, 독선적 인물로 매도합니다. 처세 측면에서 보면 그럴 수도 있겠습니다. 그러나 윤휴는 자존의 길에서 타협이나 권력의 단맛보다, 어쩌면 《중용》이 남긴 군자의 길에 가장 가까이 가고자 분투하는 삶을 선택한 것이 아닌가 생각합니다.

송시열에게 사문난적으로 몰려 고초를 겪은 당대 지식인은 윤휴뿐만 아닙니다. 허목은 주자학의 절대성을 인정하지 않아 사문난적이라는 굴레를 쓴 남인의 대표적인 학자로, 뒷날 이익과 정약용으로 이어지는 학풍을 만듭니다. 소론의 영수 윤증은 송시열에 반기를 들었다가 고초를 겪었습니다. 박세당은 주자학과 송시열을 비판하다가 유배됐습니다. 박세당은 실용적인 경제와 외교를 추진해야 한다고 강조했으며, 무위도식하는 양반을 매섭게 질타했다고 합니다. 이들은 모두 송시열과 대척점에 있었고, 역사는 억울하게 사문난적의 낙인을 받은 이들을 통해 송시열과 노론의 죄업을 분명히 새겼습니다.

흔히 논하는 '노론 300년'은 인조반정부터 국권피탈 시기를 말합니다. 국권피탈에 공을 세워 일본 귀족 지위를 얻은 노론의 후예까지 이어집니다. 송시열은 노론의 우두머리로 당대 최고 권세를 누렸으나, 노론 세력이 일시 실각하고 남인이 정권을 잡은 기사환국(1689년) 때 사약을 받았습니다. 윤휴가 사망하고 9년 뒤입니다. 윤휴와 송시열 둘 다 사약을 받고 죽었는데, 누가 역사의 승자라 할 수 있을까요? 윤휴와 송시열의 '자존'과 '자비' 전쟁은 아직 끝나지 않았습니다.

신종 사대주의

2024년 현재, 대한민국 사회는 뉴라이트라는 '신종 사대주의'로 몸살을 앓고 있습니다. 동서고금을 막론하고 약자는 강자의 힘에 기대어 생존을 도모하는 것이 상책입니다. 고구려와 같이 대국과 맞서 싸울 역량이 있다면 과감히 쟁투할 일이지만, 국가의 위세가 그만 못하다면 적당히 조공을 바치고 허리 굽혀 예를 표합니다.

고려 8대 현종은 가장 현명하게 사대한 왕으로 꼽힙니다. 당시 동북아 최강국 거란(요나라)과 세 차례에 걸친 고려-거란전쟁(993~1018년)의 최종 승자가 됐지만, 거란은 물론 송나라에도 사대의 예를 표하며 원만한 외교를 유지했습니다. 건실한 국방력을 바탕으로 철저히 중립 외교를 취하며 친선 교류를 확대했습니다. 이후 고려는 몽골 침략 이전까지 210여 년 동안 최전성기를 구가합니다.

사대 문제의 핵심은 사대하는 자가 자신의 정체성을 공고히 하면서 수단이나 도구로 사대를 활용하는가, 자신의 정체성을 잃고 오로지 생존을 위해 노예의 길을 선택하는가 하는 문제가 아닌가 싶습니다. 노예는 정체성도, 선택권도, 스스로 성장할 길도 허용되지 않는 존재입니다. 당연히 생살여탈이 주인에게 달렸죠. 우리는 이런 국가를 식민지라 부릅니다. 식민지를 통치하는 제국은 식민지를 수탈함으로써 존재가 유지됩니다. 제국주의입니다. 다행히 우리 선조들은 수천 년 동안 한반도를 기반으로 '주체적 생존'을 위해 끊임없이 분투했습니다.

저는 앞서 예시한 경신환국 이후 노론의 성리학이 체제를 지키는 종교가 되고, 그들의 사대주의가 신앙이 되면서 우리 민족의 정체성이 근본부터 흔들리기 시작했다고 판단합니다. 노론 집단이 조선을 패망으로 이끌었고, 조선의 정체성을 무너뜨린

'식민사관'의 앞잡이가 됩니다. 조선사편수회의 이병도, 신석호가 그들입니다. 이제 그들은 없지만, 그 후예가 뉴라이트의 탈을 쓰고 '노예의 찬가'를 부릅니다. 그 노랫말이 안병직, 이영훈 등이 작성한 식민지근대화론입니다. 그들의 목적은 다시 '노예의 길'입니다. 그들이 자신이 가는 길을 어떤 논리로 포장해 시민을 협박하고 있는지 살펴볼 일입니다.

5 / 전쟁이라는 진부한 '생존 협박'

1980년대 후반, 동유럽과 소련의 몰락은 냉전의 양극체제를 미국 중심 일극 체제로 바꿉니다. 체제 경쟁의 브레이크를 잃은 자본 만능주의, 신자유주의의 광풍이 전 세계를 강타합니다. 세계를 WTO 체제로 묶고, '시카고 보이'의 주도 아래 자본의 자유 이동과 증식을 옹호하면서 남미를 비롯한 개발도상국의 경제를 초토화하고 그 과즙을 빨아들입니다.

'세계의 공장'으로 떠오른 중국이 2010년, 일본을 제치고 세계 2위 경제 대국으로 부상합니다. 중국의 비약적인 성장은 미국과 유럽 국가를 긴장하게 만듭니다. 제국은 협력자를 용납하지만, 경쟁자의 도전은 절대 용납하지 않습니다. 미국의 군산 복합경제 체제는 경쟁국을 상대로 더 많은 군사적·경제적 이익을 추구합니다.

이런 배경에서 출간된 그레이엄 앨리슨의 《예정된 전쟁》(2017년)은 미국 매파 정치학의 대표작으로 꼽힙니다. 도널드 트럼프에게 중국을 강력히 봉쇄해야 할 명분을 제공했고, 대한민국 뉴라이트는 이를 한·미·일 동맹의 이론적 출발점으로 봅니다. 저명한 정치학자 앨리슨은 지난 500년간 지구상에서 발생한 15개 주요 전쟁을 분석하면서, 최강국과 그 지배권에 도전하는 강력한 도전자 사이에 필연적으로 갈등이 발생해 전쟁으로 귀결된다고 밝힙니다. 미국과 중국은 정치, 경제, 문화, 외교 등 모든 분야에서 대치하며 긴장도를 높이고 있어 언제일지 모르나 전쟁이 필연적이라는 견해도 내놓습니다.

앨리슨은 우리나라를 여러 차례 방문했으며, "대한민국은 미국 편에 바짝 붙어 서서 다가올 전쟁에 대비해야 한다"고 강조했습니다. 네오콘(공화당을 중심으로 한 미국의 신보수주의자, 미국 패권주의자)은 이런 점에 착안, 다양한 전쟁 시나리오를 양산하고 있습니다.

'투키디데스의 함정'은 필연적인가?

《예정된 전쟁》에 나오는 '투기디데스의 함정'은 새로 부상하는 세력과 종전 지배 세력의 갈등이 전쟁으로 귀결되는 상황을 말합니다. 고대 그리스 역사학자 투키디데스는 페르시아전쟁 이후 새로운 해양 강국으로 부상한 아테네와 종전 최강국 스파르타의 전쟁 과정과 결과를 상세히 기술했죠. 앨리슨은 '결국 전쟁이 일어날 것이라는 두려움' 때문에 전쟁이 발생한다고 분석합니다. 두 경쟁국은 투키디데스의 함정에 빠지지 않게 상황을 관리할 도덕적 책무가 있지만, 미국과 중국은 서로 원치 않더라도 전쟁에 내몰릴 것으로 전망합니다.

그러나 앨리슨의 분석과 예상 시나리오는 세계 질서와 큰 차이가 있습니다.

첫째, 세계 질서가 미국 중심의 일극 체제에서 다자 체제로 전환되는 상황입니다. 미국은 이제 두 전쟁을 동시에 수행할 능력이 없습니다.

둘째, 세계 각국은 이념이나 진영 중심의 정치적 이유보다 자국의 경제적 이익을 우선합니다. 미국의 동맹국인 프랑스나 독일, 이탈리아 지도자는 수시로 중국을 방문해 이해관계 증진에 골몰합니다. 미국조차 세계의 공장이자 가장 큰 시장인 중국을 포기할 수 없습니다. 앞으로는 엄포를 놓고 관세를 높이거나 봉쇄를 말하지만, 뒤로는 경제 협상을 마다치 않습니다.

셋째, 글로벌 사우스 진영은 과거 비동맹권의 전통을 이어가며 균형자 역할을 강화하고 있습니다. 중국은 글로벌 사우스와 관계를 증진하면서 미국과 유럽을 견제하지만, 미국과 1위 쟁탈전을 벌일 의도가 없어 보입니다. 남은 문제는 '1위와 2위의 서열 정리' '공존을 통한 상호 발전의 길을 어떻게 찾아갈까'입니다.

국제 관계가 긴장과 갈등 속에 상호 이익을 추구하는 것이고 보면, 긴장 관계가 곧 전쟁을 의미한다고 과장할 까닭은 매우 적습니다. 오히려 국제 갈등과 전쟁으로 먹고사는 미국 군산복합체의 도발적 역할을 경계해야 합니다. 미국과 중국은 생산과 소비, 수출과 내수에서 모두 깊은 의존관계에 접어들었습니다. 악어와 악어새, 필요악의 관계라 할 수 있습니다. 이렇게 볼 때 투키디데스의 함정은 그 함정이 현실화하길 염원하는 자들의 희망이자 환상이 아닌지, 그런 위기론 속에서 취할 이익에 진정한 목적이 있는 것은 아닌지 주목해야 합니다.

한·미·일 동맹을 원하는 속내

한·미·일 동맹을 주장하는 보수 인사들에게서 다음과 같은 공통점을 발견합니다.

첫째, 투키디데스의 함정에 입각한 미국과 중국의 필연적인 전쟁론입니다.

둘째, 중국의 몰락론입니다. 중국은 체제의 내적모순, 미국과 경쟁, 소수민족 문제 등에 따라 필연적으로 분열·몰락한다는 주장입니다.

셋째, 북한 정권의 몰락론입니다. 북한 역시 낙후된 경제 현실과 정치체제, 세습 체제의 피로감과 비효율적 경제 운영으로 결국 주민이 반발해 몰락한다는 주장입니다.

이들은 하나같이 이런 시나리오가 곧 다가올 미래의 모습인 양 확신합니다. 1999년 지구의 종말을 주장한 자들의 종말론적 공포심이나 종교적 신념도 얼핏 느껴집니다.

이들의 주장이 그럴듯하게 포장됐어도 진앙을 찾아보면 객관적인 국제 관계 분석, 사회과학적 준거의 틀, 현실적 데이터, 각 주장의 구체적인 인과관계가 빠진 그들만의 주장임을 지적하지 않을 수 없습니다. 이런 주장은 뉴라이트 인사나 극우 유튜버, 심지어 유명 대형 교회 목회자에게서 비롯합니다. 앞서 소개한 앨리슨 같은 학자의 주장을 필요에 따라 편집하거나, 트럼프를 위

시해 분열과 혐오를 조장하는 정치인의 주장도 퍼 나릅니다.

객관성과 사실에 기초하지 않은 시나리오는 신념이나 신앙의 범주로 평가해야 합니다. 중국이나 북한이 쉽게 몰락할 것이라고 보는 견해는 현실적이지 않습니다. 민중 봉기로 체제나 국가가 전복되는 경우는 아주 드물기 때문입니다.

우리 현대사에서도 민중 봉기로 체제가 바뀐 뒤에도 수많은 반동과 또 다른 정치 변혁을 거칠 수밖에 없음을 봅니다. 더욱이 윤석열 정부는 미·일 추종 외교 전략으로 중국과 러시아, 북한을 적으로 돌려 스스로 고립됨으로써 실리를 잃고 국제적 조롱거리가 되고 있습니다. 균형과 실리를 상실한 외교정책은 필연적으로 고립과 퇴락을 수반합니다.

미·일 편중 외교는 대한민국의 퇴락, 미국과 일본에 종속을 가속할 뿐입니다. 어쩌면 퇴락과 종속의 길이 뉴라이트가 원하는 바인지 모릅니다. 저는 뉴라이트의 속셈이 다음과 같다고 봅니다. '미국과 중국이 전쟁을 하면 대한민국이 살길은 미국 편에 붙어 있는 것뿐이기에, 동북아의 나토(NATO)를 만들어 중국-

러시아-북한에 대항할 한·미·일 동맹을 맺어야 한다. 이런 상황이라면 일본과 강력한 군사동맹이 필요하고, 유사시에 일본 자위대가 한반도에 주둔하거나 독도를 일본과 공유한들 문제가 되겠는가. 일본과 손잡고 새로운 대동아공영권을 향해 전진하는 게 우리가 살길이다.'

  이들은 자본주의 가치를 극대화해 국가의 시장 개입은 최소화하고, 국유재산을 민영화라는 이름으로 사기업에 팔아넘기고, 복지는 대폭 축소하고, 있는 자가 더 많이 갖고 능력 없고 경쟁력 약한 시장 낙오자는 최소한 생계만 유지하면 된다는, 그것이 능력에 맞게 사는 공정한 세상이라고 믿는 신자유주의로 무장한 자입니다. 나라를 팔아서라도 사익을 추구하는 자, 일본과 손잡고 인도·태평양 전략으로 새로운 대동아공영권을 꿈꾸는 자입니다. 그러니 국민의 역사의식을 마비시키고, 일본의 국권 침탈을 찬양하며, 독립운동을 폄훼합니다. 독립지사를 테러리스트라 주장하고, 민주주의의 반역자 이승만을 국부로 추앙합니다.

자존의 길은 어려운가?

　　　　자존감 높이기는 자신의 존재를 긍정하는 힘을 키우는 것입니다. 잘났든 못났든, 능력이 출중하든 아니든 자신을 있는 그대로 바라보고 존재 자체를 존중하는 능력이 자존감입니다. 우리 역사를 바라보는 자존적 역사관 또한 그렇다고 생각합니다. 아무리 시련을 겪고 굴욕을 당했어도 이에 굴하지 않고 5000년 동안 한반도를 근거지로 민족성을 지켜온 자랑스러운 순간과 비운의 순간을 있는 그대로 받아들이고, 현시점에서 자신의 판단과 능력으로 당당히 살아가고자 분투하는 것이 가장 현실적인 역사관입니다.

　자비의 길은 노예의 관점에서 강자에 굴종하고, 강자가 던져주는 먹이에 일희일비하는 굴종의 삶입니다. 역사를 '자비'로 이해하고 받아들인다면, 영원히 강대국에 사대하는 길만 좇을 것입니다. 저는 뉴라이트의 자세와 역사관이 자비에서 출발했다고 판단합니다. 자국의 역사를 강자에 빌붙어왔다고 보는 자의 사고에서 긍정적이고 발전적인 동력을 찾기는 어렵습니다.

뉴라이트의 개막을 알린 NL 주사파 전향자들은 대한민국의 현실을 냉철히 분석해 그 속에서 변혁의 동력을 찾지 못하고, 주체사상에서 자신의 미래를 보고자 했습니다. 일본 중진자본주의를 통해 식민지근대화론을 만든 안병직과 이영훈 등도 일본의 '도움'에서 조국 근대화의 뿌리와 동력을 찾았습니다. 자신을 비하한 것입니다. 미·중 전쟁론과 중국 붕괴론에서 살길을 찾고자 하는 뉴라이트 수뇌부 역시 미국과 일본에 빌붙어 영화를 꿈꿉니다. 국가와 민족을 팔아 자신의 영달을 추구합니다. 이들의 꿈이 이뤄진다면 이들은 일제에 귀족 작위를 받은 매국노와 어깨를 나란히 하는 '영광'을 얻을 것입니다.

지금 선택해야 합니다. 자존의 길을 갈지, 자비의 길을 갈지. 자존의 길을 선택한다면 어떻게 자비의 길을 끊어낼지, 법과 제도를 어떻게 바꿔야 할지 고민해야 합니다.

결론

대한민국 보수는
달라질 수 있을까?

조선 말에서 현재까지 보수주의에 가장 적합해 보이는 정치 세력은 민족주의적 입장을 견지한 상하이임시정부입니다. 그밖에 대한민국에서 보수주의를 표방한 모든 정권과 정치 세력은 하나같이 보수주의에 배치됩니다.

사람들은 어떤 정치적 사안이 있을 때마다 보수와 진보라는 의식 혹은 집단을 상수로 놓고 논박합니다. 특정 정당의 행태나 특정인의 태도에 이 기준을 들이대며 나뉘어 핏대를 세우기도 합니다. 보수와 진보의 명확한 개념과 기준을 가지고 그러는지, 자기 입장을 정당화하기 위해 아전인수 격으로 이용하는지 헷갈릴 때가 많습니다.

하지만 대한민국 보수로 지칭되는 집단이 보이는 매우 퇴행적이고 극우적인 행태가 헌법 1조 '대한민국은 민주공화국이다'를 심대하게 위배하는 상황에서 '보수의 실체는 무엇일까?' '그들은 어디에서 비롯됐을까?' 하는 물음이 생겼습니다. 민주공화국으로서 대한민국을 지키기 위해 이 물음의 답을 찾아 밝히는 일이 필요하다고 생각했습니다. 현재 대한민국 보수와 한 몸으로 보이는 뉴라이트와 정합성 관계를 어떻게 이해할지 질문을 던져 봅니다.

대한민국에 보수주의는 있는가?

저는 이 책 1부에서 모든 자유는 그 주체와 목적, 방향에 따라 상대적이고, 정치적·경제적·사회적 상황에 따라 달라진다고 했습니다. 보수와 진보의 개념도 마찬가지입니다. 신흥 부르주아지는 구체제의 왕, 귀족 등 기득권 세력에게 더 많은 정치적·경제적 자유를 원했고, 이 시절 경제적 자유주의는 구체제 절대왕권을 옹호하던 세력에게는 매우 진보적이었습니다. 그러나 경제적 자유주의의 산물인 자본주의의 구조적 모순이 심화하면서 사회주의·공산주의라 일컫는 사회적 자유주의 세력에게 자본주의는 보수적으로 여겨졌습니다. 정작 사회주의·공산주의가 하나의 정치와 경제 체제로 굳어지면서 노동자와 농민을 소외하고, 다수 민중을 억압하는 독재국가 형태를 띠며 이 체제를 옹호하는 세력은 보수가 되고, 이 체제를 바꾸고 더 나은 체제로 나가자고 주장하는 사회민주주의는 진보가 될 수밖에 없었습니다.

신자유주의가 세계경제를 쥐락펴락하게 된 1980년대 이후, 다국적기업과 금융자본가는 당연히 자신의 기득권을 지키려고 체제를 옹호하는 보수 세력이 될 수밖에 없습니다. 1990년대 이후 뉴라이트가 신자유주의의 세례를 받고 이 세계관을 바탕으로 대한민국의 기득권 세력과 하나의 권력 집단을 추구하며, 이를 구체화함에 따라 뉴라이트는 보수 세력의 가장 강력한 이데올로그이자 주체로 등장했습니다.

보수주의와 진보주의의 차이

영국의 사상가 에드먼드 버크에 따르면, 유럽에서 산업혁명기에 등장한 보수주의는 초기에 절대왕정의 가치를 옹호하는 측면에서 기독교적 세계관과 가치를 절대시하며 자본주의 확대를 적극 지지합니다. 동시에 민족주의적 요구와 갈등이 격화되자 국가나 민족의 이익을 중요시하며, 종전 질서 내 점진적 개혁을 지향합니다. '보수주의의 아버지'라 평가되는 버크가 프랑스대혁명을 극도로 혐오했듯이, 보수주의를 옹호하는 세력은 혁명이나 급진적 변화를 경계합니다. 자신들의 기득권에 도전하는 가장 위험한 시도이기 때문입니다. 이들은 분배보다 성장을 선호하고, 성소수자나 낙태 등에 반대합니다. 이런 보수주의의 전통은 오늘날 미국 트럼프 2기에서도 맹위를 떨칠 것으로 보입니다.

이와 달리 진보주의는 보수주의가 표방하는 모든 기득권 세력의 지배에 저항합니다. 프랑스대혁명을 시작으로 역사의 전면에 나선 진보 세력은 앞서 설명한 바와 같이 구체제, 자본주의에 반대하는 사상과 태도, 철학을 제시합니다. 여기서 보수 세력과 진보 세력의 가장 큰 차이점은 자본주의에 대한 태도와 인식입니다. 거칠게 구분하면 자본주의적 지배 체제를 옹호하고 이를 유지·확대하려는 세계관과 인간관을 지키려는 세력이 보수 세력, 자본주의의 모순을 최대한 해소하고 보편 복지와 균등 발전을 지향하는 세력이 진보 세력입니다. 유시민 작가는 물리법칙을 적용해 보수 세력은 관성을, 진보 세력은 운동을 중시한다고 비유하기도 합니다.

대한민국 보수 세력의 가치는 무엇에 있는가?

저는 대한민국 보수주의의 출현을 1896년 조직한 독립협회와 그들의 활동에서 찾고자 합니다. 1895년 고종의 친러 정책에 위기감이 든 일본 공사 미우라 고로(三浦梧楼)는 경복궁에 자객들을 난입시켜 명성황후를 살해합니다. 이어 일본은 김홍집 내각을 통해 갑오개혁을 주도하죠.

그러나 고종은 1896년 러시아 대사관으로 피신하고, 일제가 진행한 모든 근대 개혁을 무위로 돌린 뒤 김홍집 내각의 주역을 주살합니다. 고종은 이 시기 압록강과 울릉도의 삼림 채굴권을 비롯해 광산 채굴권, 월미도 제련소 설치권 등 각종 경제 이권을 러시아에 넘겼습니다. 이를 본 일본과 미국, 독일, 프랑스, 영국 등이 경쟁적으로 이권 획득에 나서 경인선과 경의선 부설권을 비롯해 주요 이권이 열강에 넘어갑니다.

이런 국가적 위기에 맞서기 위해 개화파에 속하는 지식인들은 1896년 4월 7일 〈독립신문〉을 창간하고, 7월 2일에 독립협회를 창립합니다. 독립협회는 서재필을 중심으로 이상재, 이승만, 윤치호 등 개화파 지식인과 이완용, 안상수 등 정부 요인이 함께한 반관반민(半官半民) 단체입니다. 강연회와 토론회 등을 통해 근대적 지식과 국권, 민권 사상을 고취해 민중의 광범한 지지를 받았고, 1898년 1월에 청나라 사신을 맞이하던 영은문 자리에 독립문을 세워 독립 정신의 상징으로 삼았습니다.

그해 10월 정부 대신들과 1만여 민중이 참여한 만민공동회를 개최하고, 만민공동회는 고종에게 '헌의 6조'를 올립니다. 헌의 6조는 외국에 의존하지 말고 동등하게 협력할 것을 명시하고, 전제 왕권을 인정하며, 외국에 이권 양도를 반대하고, 예산 공개와 의회 제도라 할 수 있는 중추원 개설을 제시합니다.

고종은 처음에 자신의 왕권을 인정한다는 이 제안을 흔쾌히 수락하고 중추원 개설을 명령합니다. 그러나 권력에서 밀려날 것에 위기감이 든 조병식, 유기환 등 수구 세력은 독립협회가 고종을 밀어내고 공화제를 세우려는 역모를 꾸몄다고 거짓 고변하죠. 고종은 겁에 질려 조사도 하지 않고 독립협회를 해산하고, 윤치호를 비롯해 17명을 체포합니다. 한성의 민중은 무려 50일 남짓 만민공동회를 개최하며 독립협회 인사의 석방과 개혁 정책을 요구했으나, 고종은 물리력을 동원해 강제해산으로 대응했습니다.

제가 독립협회를 최초의 보수 운동으로 보는 까닭은 당시 독립협회 주도자들이 내건 내용을 독립과 근대화로 압축할 수 있기 때문입니다. 자국, 자민족의 독립과 발전은 모든 국가의 보수 세력이 추구하는 필수 요건입니다. 독립협회가 추구한 근대화는 일본식 입헌군주제를 모델로 했으나, 군주의 독단이 아니라 정비된 근대국가의 법적 체계를 지향했다는 측면에서도 민족국가의 지향점이자 보수 세력의 중요한 가치와 맞습니다.

민주공화정의 가치

우리나라의 선각자들이 민주공화정에 관심을 두기 시작한 시기는 1910년 이전으로 보입니다. 조선왕조의 국권을 잃은 장본인 고종은 강화도조약(1876년) 이후 밀려드는 일본과 서양 열강의 야욕에 맞서 근대국가로 변모하고 부국강병 할 기회를 팽개친 듯합니다.

부친 흥선대원군은 쇄국정책과 천주교 탄압으로 많은 흠결이 있었으나, 섭정 기간(10년)에 전국의 서원을 철폐하고 세도정치를 폐지하고 환곡과 부역을 대대적으로 개편해 양민의 부담을 크게 줄였습니다. 권문세가의 횡포에서 백성의 고역을 구제하고, 불필요한 관직을 축소하고 세금을 정비하며 화폐개혁으로 국가 재정을 건실하게 발전시켰습니다.

그러나 고종과 명성황후는 그 모든 국가 재정을 측근과 척실의 전횡, 횡령으로 파탄 내고, 임오군란(1882년)에서 드러났듯이 급기야 군인에게 지급하는 쌀에 모래를 섞는 방식으로 공급을 유용합니다. 임오군란, 동학농민운동, 갑신정변(1884년), 갑오개혁(1894~1896년) 등 조선의 근대화를 도모할 수 있는 개혁의 계기에도 왕권을 지키는 데 급급해 외국군을 끌어들이는 사실상 내란에 해당하는 자충수를 거듭합니다. 국가의 자존을 스스로 망가뜨린 결과 망국의 길에 이른 것입니다. 저는 조선의 지식인들이 고종에게 결정적으로 등을 돌리고 나라의 앞날을 민주공화제에서 찾은 계기가 독립협회의 좌절에서 비롯하지 않았나 생각합니다.

만주에서 그린 민주공화제

을사늑약(1905년)으로 대한제국이 외교권을 잃자, 전국에서 의병이 들불처럼 일어납니다. 지식인들은 국내에서 장기적인 국권 회복 운동이 불가능하다고 판단, 국외 독립 투쟁의 최적지를 찾기 시작합니다. 첫째로 꼽힌 곳이 고구려의 강역이던 만주의 회인현 황도촌(懷仁縣 黃道村)입니다. 제일 먼저 이곳을 찾은 정원하는 강화도 양명학파를 이끈 정제두의 6대 종손입니다. 이어 이건승과 홍승한, 우당 이회영 선생의 6형제와 일가족 15명, 석주 이상룡 선생과 동생 이봉희가 합류합니다. 이 시기 황도촌에 모인 윤세복, 박은식, 이시영, 이상룡 같은 망명가들이 조선총독부의 식민사관에 맞서 민족사관을 성립하죠.

 이상룡·이회영 선생이 이끈 망명 가족들은 1911년, 마침내 최종 목적지인 서간도 유하현 삼원포(柳河縣 三源浦)에 도착합니다. 이곳에서 결성한 경학사(耕學社)는 '낮에 일하고 밤에 공부하다'라는 뜻입니다. 이들은 경학사를 삼권분립의 공화제를 염두에 둔 기관으로 발전시켰는데, 우리가 익히 아는 독립군 양성소 신흥무관학교가 경학사의 부설 학교입니다. 경학사에서 싹을 틔운 민주공화제 정신은 이후 이상룡 선생이 상하이임시정부의 초대 국무령이 되면서 확고히 뿌리 내립니다. 당시 민주공화제 정신을 새로 수립될 국가의 이념으로 생각했다는 점은 매우 놀랍습니다. 프랑스와 미국을 제외하면 왕정이나 제정에서 벗어나지 못한 국가가 대부분이던 시기이기 때문입니다.

상하이임시정부의 '민주공화제' 채택

1919년 3·1운동에 크게 고무된 애국지사들은 국내외 각지에서 잇달아 임시정부를 수립합니다. 여덟 개에 이르던 임시정부 추진 기관은 단일 정부의 대오를 갖추기로 합의하고, 1919년 4월 11일 만주보다 외교에 용이한 상하이에 임시정부를 구성하고 정식으로 민주공화제에 입각한 대한민국을 건국합니다. 이때 대한민국 임시헌장을 발표하면서 1조에 민주공화제를 천명하죠.

이는 1948년 대한민국 제헌 헌법과 1987년 대한민국헌법 1조에 그대로 계승됐습니다. 여기서 '민주공화'는 고대 아테네에서 탄생한 민주주의와 고대 로마에서 채택한 공화주의를 결합한 개념입니다. 헌법 1조 2항에 명시된 '모든 권력은 국민으로부터 나온다'는 개념은 주권재민(主權在民) 정신을 반영한 것으로, 국가권력의 기원과 유래를 의미합니다.

공화주의적 정신은 권력 행사에 관한 것으로, 공동체인 국가의 권력을 어떻게 설계하고 실행할지 다루는 정신입니다. 고대 로마에서는 왕, 귀족, 평민의 이익을 대변할 집정관, 원로원, 호민관 제도를 두어 상호 견제하지만, 공동체의 이익을 극대화하는 방향으로 정치제도를 설계했습니다. 오늘날 우리가 강조하는 '깨어 있는 시민 정신'이 바로 공화주의 정신에 해당합니다. 그러나 공동체의 이익을 지나치게 강조하면 집단성이 두드러져 독재나 전체주의로 흐를 위험이 있습니다.

따라서 권력의 주체인 개별 국민의 권리를 국가 공동체의 이익과 조화시키는 것이 민주공화제의 정신입니다. 애초 '민중 권력'이란 뜻이 있는 민주주의는 자유주의나 사회주의 같은 사상 체계가 아닙니다. 민주주의는 각 시대 상황에서 맞닥뜨리는 과제를 해결하는 과정이자 시스템으로 보는 것이 적절합니다.

민주주의의 기본 원리를 다시 확인하는 이유는 뉴라이트가 민주주의와 공화주의, 민주공화제의 원리나 가치를 얼마나 염두에 두고 있는지 재검토하기 위함입니다. 망국의 설움을 딛고 독립 투쟁에 헌신한 독립지사들의 의지에 녹아 있던 '민주공화제'의 역사적 무게를 얼마나 감당하고 있는지도 다시 한번 묻고자 합니다.

김구 주석이 이끈 임시정부는 보수인가, 진보인가?

어떤 이는 해방 이후 김구 선생이 이끈 한국독립당이 민족주의 계열이고, 일제강점기 독립운동가 대다수가 사회주의나 공산주의 계열이었으며, 임시정부가 이념보다 민족의 독립을 최우선 과제로 내걸었기에 민족주의 진영을 보수 세력으로 보는 경향이 있습니다. 김구 선생이 〈나의 소원〉에서 공산주의에 반대한 입장을 천명한 것이 평가에 영향을 미치지 않았을까 짐작합니다. 저는 김구 선생과 임시정부의 정치 성향이 진보인가, 보수인가로 편을 가르기보다 임시정부가 추구한 가치와 목표에 주목하고자 합니다.

조소앙의 삼균주의

그 대표적인 예가 삼균주의입니다. 조소앙 선생은 1919년 2월 1일 대한독립선언서를 작성하고, 도쿄로 가서 유학생들을 설득해 2·8독립선언서를 발표하게 했으며, 4월 11일에 상하이로 건

너가 대한민국임시정부 수립에 참여하고, 삼균주의 이념을 포함한 대한민국 임시헌장도 작성합니다. 이후 임시정부의 내각이라 할 임시의정원에 참여해 외무부장을 지내고 한국독립당 당수로 활동했으며, 임시정부 외교 전략과 이론 수립의 최고위에 있었습니다.

선생이 제창한 삼균주의는 임시정부가 어떤 국가를 꿈꿨는지 가장 명확히 보여줍니다. 삼균주의를 처음 제기한 것은 3·1운동 이후 상하이임시정부가 출범한 시기입니다. 선생은 나이 서른에 쑨원(孫文)이 주장한 삼민주의(三民主義), 당시 자본주의와 사회주의, 1차 세계대전 이후 대두된 민족자결주의, 단군의 홍익인간과 재세이화 이념을 아울러 한국인이 지향하는 정신과 정치철학을 제시하고자 했습니다.

삼균(三均)은 개인·민족·국가 간 균등, 국가 내부에서는 정치적·경제적·교육적 균등을 뜻합니다. 여기서 말하는 균등은 평등 개념과 유사합니다. 개인 간 균등은 보통선거, 국유화, 의무교육화를 통해 정치 균등, 경제 균등, 교육 균등을 이루는 것을 말합니다. 민족 간 균등은 민족자결주의의 보편적 적용을 뜻합니다. 국가 간 균등에는 식민지와 제국주의 철폐, 침략 전쟁 반대 등이 해당합니다.

삼균주의는 쑨원의 삼민주의를 대한민국 전통 사상을 통해 한층 발전시킨 것으로 평가됩니다. 경제적 평등사상이 대폭 포함된 것은 시대적 반영이라고 보입니다. 삼균주의는 대한민국임시정부의 정치철학이자 기본 방략이고, 미래 조국 건설의 전략이자 지침으로 삼기 위해 체계화된 민족주의적 정치사상이었습니다. 1918년부터 싹트기 시작해 1931년 임시정부의 대외 선언에서 체계가 정립됐다고 알려지며, 1941년 대한민국건국강령에서 임시정부의 기본 이념과 정책 노선으로 채택됩니다. 한국독립당의 당 강령이자 독립군의 강령으로, 1930년대부터 독립운동의 기본 이념이 되기도 합니다.

삼균주의는 해방 후 민족주의 진영의 지도 이념으로 정착되는 듯했으나, 해방 정국에서 좌초하고 맙니다. 해방 후 귀국한 김구, 김규식, 조소앙 등 임시정부 요인들은 한국독립당을 중심으로 독립국가의 꿈을 세우지만, 좌우 분열과 남북 분단의 위기에 봉착합니다. 1948년 남북 분단과 단독정부 수립을 막기 위해 김구, 김규식, 조소앙은 북한에서 김일성과 남북회담을 했으나, 무위로 돌아갑니다. 남한과 북한은 시차를 두고 각각 정부를 수립하며 분단은 현실이 됩니다.

조소앙은 북한 방문 이후 김일성을 불신하게 됐고, 단독정부 수립을 인정하고 별도로 정부 수립과 총선 참여를 주장합니다. 이 지점에서 김구의 단독정부 불가, 총선 불참 결정에 대립하고, 한국독립당을 탈당한 뒤 사회당을 창당합니다. 선생은 1950년 5월 총선에서 성북구에 출마해 친일파 경찰의 전폭적인 지원을 받은 조병옥의 집요한 방해 공작에도 전국 최다 득표로 국회의원에 당선됩니다. 그러나 한국전쟁 발발과 납북의 비운을 겪으며 1958년 북한에서 생을 마칩니다.

한국전쟁 이후 선생의 납북 여부를 둘러싸고 사전에 북측과 연결됐다는 오해와 월북이라는 오명을 입었으나, 선생과 가까이 지낸 박갑동의 증언으로 납북이 확인됐습니다. 대한민국 정부는

1989년 건국훈장 대한민국장을, 북한은 1990년 8월 15일 조국 통일상을 추서했습니다. 비록 사후지만, 남북이 선생의 독립운동과 헌신에 최고 경의를 표한 것입니다.

조소앙 선생은 합리주의자, 현실주의자였다고 전해집니다. 1918년 만주 지린성(吉林省)에서 작성, 1919년 2월 1일에 발표한 대한독립선언서는 기개 넘치는 필력으로 대한민국임시정부의 수립과 방향에 큰 영향을 미쳤다는 평가를 받습니다. 선생의 삼균주의는 어쩌면 독립한 대한민국의 가장 당연하고 명확한 건국 이념이 되기에 손색이 없는 정치철학이자 미래 전략이었습니다. 그러나 분단과 전쟁, 선생의 피랍, 1952년 이승만 암살 미수 사건을 당시 자유당이 조소앙과 한국독립당 소행으로 조작하면서 삼균주의 정신은 한국독립당과 함께 사라집니다.

일제강점기 치열하고 끈질기게 독립운동을 전개하고, 해방 후 민족주의 진영이라고 불리던 대한민국임시정부의 김구, 김규식, 조소앙 같은 분들의 정치적 위치를 보수나 진보, 중도 어느 곳에 둬야 할지 매우 조심스럽습니다. 김구 선생은 공산주의에 반대한다고 입장을 천명했지만, 전체 독립운동 기간에 독립운동이라는 대의를 이끌기 위해 끊임없이 좌우 합작을 시도했습니다. 김구 선생이나 임시정부의 입장은 이념보다 독립이 높은 지향점이라고 볼 수 있습니다.

조소앙 선생의 삼균주의는 정강과 정책에서 오늘날 사회민주주의에 가깝습니다. 개인의 자유보다 공동체적 공공성에 방점을 둔 것으로 보입니다. 독립운동이라는 측면에서 당연합니다. 그런데도 사회주의나 공산주의와 달리 자본주의적 시장 질서를 옹호했다는 측면에서 상대적으로 보수적 입장이 아니었나 싶습니다. 이렇게 볼 때, 상하이임시정부나 민족주의적 입장이나 삼균주의 정책이 대한민국 보수주의가 간직하고 발전시켜야 할 가장 좋은 선례가 아닌가 생각합니다.

지금 대한민국에 보수는 존재하는가?

우리가 흔히 사용하는 보수라는 의미와 '보수 세력'은 분명 다릅니다. 보수가 전통적 개념으로서 보수를 의미하려면, 보수주의에는 분명한 기준이 필요합니다. 저는 전통적 종교를 포함해 공동체의 가치 존중, 종전 사회질서와 권위 존중, 국가나 민족적 가치와 이익 옹호, 시장경제 질서와 민주주의에 입각한 민주적 제도 옹호, 점진적인 개혁 존중을 보수주의의 기준이라고 봅니다.

이 기준에 따라 어떤 사람은 점진적인 개혁을 주장하는 세력을 보수, 현상 유지를 고집하는 세력을 수구, 과거로 퇴행을 고집하는 세력을 반동이라고 규정하기도 합니다. 조선 말에서 현재까지 보수주의에 가장 적합해 보이는 정치 세력은 민족주의적 입장을 견지한 상하이임시정부입니다. 그밖에 대한민국에서 보수주의를 표방한 모든 정권과 정치 세력은 하나같이 보수주의에 배치됩니다. 일상적으로 보수적 태도나 가치를 존중하는 사람은 있지만, 정치 세력으로서 보수주의 기준에 부합하는 사람이나 세력은 없습니다.

이승만은 상하이임시정부의 초대 대통령으로 추대됐으나 직무 유기로 탄핵을 당했고, 해방 후 반민특위를 해체하고 한국전쟁 이전과 전시에 제주4·3사건을 비롯해 수많은 양민 학살을 자행했으며, 부정부패와 독재로 국민 저항에 쫓겨 국외로 달아났습니다. 앞서 제시한 보수주의에 전혀 해당하지 않습니다. 박정희는 경제성장에 이바지한 공로를 인정한다 해도 18년 장기 독재만으로 보수주의가 지향하는 가치에 배치됩니다. 전두환과 노태우 군사정권 역시 보수주의 기준에 전혀 부합하지 않습니다. 김영삼은 하나회 척결과 금융실명제 등 개혁을 시도했으나, IMF 구제금융이라는 초유의 사태로 엄청난 국가적 환란을 초래했지요. 이명박은 뇌물 수수를 비롯한 부패로 징역형을 받았고, 박근혜는 국정 농단과 직무 유기 등으로 탄핵을 당해 보수적 가치에 배치됨을 스스로 증명했습니다.

결과적으로 대한민국에서 보수 세력은 성공적인 대통령을 한

명도 배출하지 못했습니다. 그들 모두 비극으로 막을 내렸습니다. 왜 그랬을까요?

프로크루스테스의 침대

그리스신화에서 헤라클레스와 쌍벽을 이루는 테세우스는 헤라클레스와 함께 여행하며 괴물들을 물리칩니다. 테세우스가 만난 마지막 악당 프로크루스테스는 엄청난 거인입니다. 아테네 인근 언덕에 거처하며 지나가는 사람을 잡아 물품을 강탈하는 것은 물론, 자기 집으로 끌고 가 철제 침대에 눕혀서 침대보다 키가 크면 그만큼을 잘라서 죽이고, 침대보다 작으면 늘려서 죽였습니다. 이 침대는 조작이 가능해 죽음을 면한 피해자는 없었습니다. 테세우스는 이 악당을 똑같은 방법으로 처단합니다. 이 신화에서 유래한 '프로크루스테스의 침대'는 다른 사람의 의견을 용납하지 않고 자기 기준만 강요하며, 상대방에게 위해를 가해서라도 자기 뜻을 관철하려는 태도를 풍자하는 의미로 쓰입니다.

대한민국 보수 세력의 비극은 프로크루스테스의 침대와 같습니다. 보수 세력은 겉으로는 앞서 제시한 보수주의의 다섯 가지 기준을 표방하지만, 실제로 무시하거나 오도합니다. 보수주의를 표방하는 세력이 채택한 보수주의의 실체는 냉전에 기생한 반공, 철저한 시장 만능주의, 권위주의입니다. 여기에 뉴라이트가 신자유주의에 입각한 노골적인 사대주의를 추가합니다. 정리하면 다음과 같습니다.

첫째, 자유민주주의를 표방하나 상황이 여의치 못하면 국가 권력을 통해 최소한의 시민적 자유를 박탈합니다.

둘째, 해방 이후 반민특위가 좌초되는 순간부터 반민족 행위자의 모든 정치 행위는 사익 추구에 집중됩니다. 이들에게 보수, 보수주의라는 가치는 사익 추구를 가리는 포장지일 뿐입니다.

셋째, 민족적 자존의 길보다 사대와 굴종의 길을 걷습니다. 일제에 부역하며 호의호식했듯이 강대국에 붙는 편이 안전하다고 여기며 사익을 취할 수 있기 때문입니다.

넷째, 프로크루스테스의 침대처럼 보수 세력에게 유리할 때는 민주주의를 확대하고 불리하면 쿠데타도 불사합니다.

대한민국 보수에게 희망은 있는가?

윤석열 정부는 보수 정권입니다. 이 정부의 말로가 어떨지 지금은 알 수 없습니다. 역대 보수 세력이 만든 정부 가운데서 가장 수준이 떨어진다는 점은 분명합니다. 자기 이익을 노골적으로 추구하고, 무능하며, 정치적 목표나 국가적 과제가 없기 때문입니다. 더욱이 보수주의와 전혀 무관한 정치 세력으로서 보수를 참칭하며 국가와 민족적 위상과 이익을 방기하고 있습니다. 저는 이들을 보수, 보수주의자가 아니라 매국 우파로 봅니다.

대한민국 보수 세력이 진정한 보수의 가치를 살리면서 보수주의로 바뀌려면 어떻게 해야 할까요? 저는 다음 과제가 전제돼야 한다고 봅니다.

첫째, 1987년 대한민국헌법 전문에 명시된 대한민국임시정부의 가치와 정신을 계승할 의지와 자세를 갖출 수 있는가.

둘째, 종전 보수 세력이 방기한 자존의 자세를 갖출 수 있는가.

셋째, 조소앙 선생이 제시한 삼균주의 정신을 일부라도 자신들의 정체성으로 받아들일 수 있는가.

제가 삼균주의를 다시 강조하는 이유는 상하이임시정부의 역할과 정신을 가장 잘 정리한 삼균주의가 보수주의의 한국적 전통을 이어갈 가장 좋은 척도이기 때문입니다. 쉽지 않을 것입니다. 보수 집단이 이런 전제를 받아들이지 않는 한, 대한민국에서 보수 세력의 정당성은 앞으로도 상당 기간 입증되기 어려우리라 예상합니다. 뉴라이트를 스스로 청산하지 못하는 한, 그들의 미래는 없어 보입니다.

이제 보수 세력은 숨을 수도, 숨길 수도 없습니다. 모든 시민이 실시간으로 이들을 감시하며, 언제든지 회초리를 들기 때문입니다. 우리는 보수, 보수 세력의 부작용이 클수록 이를 극복하고자 하는 역사의 반작용, 시민의 힘으로 보수 세력이 개편되고 바뀔 것이라는 점을 잘 알고 있습니다. 보수는 보수로 극복되지 않습니다. 오직 깨어 있는 시민이 그들의 무딘 발걸음을 조금이나마 옮겨놓을 수 있을 것입니다.

대안은 없는가?

매국 우파 뉴라이트를 어떻게 하면 제어할 수 있을까요? 제 생각은 다음과 같습니다.

첫째, 헌법 개정이 필요합니다. 현재 헌법 전문에는 "3·1운동으로 건립된 대한민국임시정부의 법통과 불의에 항거한 4·19민주이념을 계승하고"라고 명시됐는데, 여기에 '5·18민주화운동 정신을 계승하고'라는 문구를 넣자는 것입니다. 지만원을 비롯한 극우 인사들은 기회가 있을 때마다 북한 개입설을 끌어들여 5·18민주화운동 정신을 흠집 내려 합니다. 이 문제는 현재 여당이나 야당 모두 문구 수정을 통한 헌법 전문 개정에 동의했으므로, 어렵지 않아 보입니다. 그러나 이 문제는 중요합니다. 뉴라이트 세력을 헌법에 따라 처벌할 수 있는 가장 중요한 근거가 되기 때문입니다.

둘째, 헌법 전문 정신 수호를 위한 실행 법률 제정입니다. 앞서 언급한 헌법 전문 개정을 근거로 헌법 정신을 위배하는 언동을 실질적으로 제어·규제할 법률을 제정해서 처벌하는 방법이죠. 물론 이런 법률을 제정할 경우, 헌법에 명시된 개인의 사상과 표현의 자유를 침해할 수 있다는 논란의 여지가 있습니다. 그러나 반민족적·반민주적 망동을 규제할 분명한 의지가 있다면, 충분히 논의해 국민적 합의를 끌어낼 수 있다고 봅니다.

셋째, 독일연방헌법수호청을 모델로 적극 검토할 필요가 있습니다. 독일(서독)은 1950년에 연방내무부 산하 기관으로 연방헌법수호청을 설립, 2차 세계대전을 일으킨 나치와 같은 극단주의 세력이 다시는 발붙이지 못하게 감시·규제하는 기관을 설립·운영 중입니다. 이 기관은 민주주의와 자유를 위협하는 극단주의에서 헌법과 국가를 지키기 위해 독일 각 지역에 지부를 설립, 극단주의 정치 세력을 감시합니다. 2017년 기준으로 4000명이 넘는 조직에, 연간 예산 4721억 원 이상을 사용하고 있습니다. 독일연방헌법수호청 토마스 헬렌방 청장은 2024년 〈프랑크푸르터 알게마이네 차이퉁〉에 기고한 글에서 "표현의 자유는 헌법의 적들을 위한 특별 허가증이 아니다"라고 했습니다. 저는 한국형 헌법 수호법 제정과 기구를 통해 '표현의 자유'를 빌미로 매국 우파가 벌이는 망동을 규제할 구체적 법안 마련이 시급하다고 판단합니다.

넷째, 모든 정부 기관과 정부 지원 기관장에게 헌법 수호 서약서를 받아야 합니다. 일정 직급 이상 고위 공무원은 물론, 정부 지원금이 들어가는 모든 민간 기구의 장에게 헌법 정신을 수호하고, 이를 위배하는 글을 쓰거나 행동을 하면 처벌을 감수하겠다는 서약서를 받는 겁니다. 몰지각한 인사의 망동을 방지할 방법이라고 생각합니다.

다섯째, 역사 교과서를 개정하고 역사 교육을 강화해야 합니다. 뉴라이트의 망동을 막는 중요한 방법 가운데 하나가 후세가 우리 역사를 올바로 인식할 수 있도록 역사 교육을 강화하는 것입니다. 뉴라이트 세력이 박근혜 정부 시절부터 역사 교과서 개정을 위해 끊임없이 분란을 일으킨 이유를 분명히 인식해야 합니다. 현행 역사 교과서에서 식민사관에 따라 기술된 부분을 적극적으로 찾아 개정해야 합니다. 일제강점기 독립운동을 비롯해 근현대사에 해당하는 내용을 대폭 강화해 역사 전쟁에서 매국 우파 세력이 개입할 여지도 주지 말아야 합니다.

여섯째, 진실화해위원회 활동을 강화해야 합니다. 일제강점기에 일제가 저지른 만행을 더욱 정교히 찾아서 기록하고 국제사회에 알리며, 일본에 반성과 배상을 끊임없이 요구해야 합니다. '기억의날'을 제정해 해마다 정부 행사로 추진해야 합니다. 이승만, 박정희 등 과거 공권력이 저지른 인권유린 사례를 찾아 기록하고 피해자에게 배상하며, 그런 과오가 다시 일어나지 않을 방지책을 마련해야 합니다.

대한민국 보수는 왜 매국 우파가 되었나?
해방 이후 우익의 총결산, 뉴라이트 실체 해부

펴낸날	2025년 1월 15일 초판 1쇄
지은이	이병권
펴낸이	정우진 강진영 김지영
꾸민이	씨오디 color of dream
펴낸곳	도서출판 황소걸음
편집부	02-3272-8863
영업부	02-3272-8865
팩스	02-717-7725
이메일	bullsbook@hanmail.net / bullsbook@naver.com
등록	제22-243호(2000년 9월 18일)
주소	(04091) 서울 마포구 토정로 222 한국출판콘텐츠센터 420호
ISBN	979-11-86821-97-8 (03910)

ⓒ 이병권, 2025

- 이 책의 내용을 저작권자의 허락 없이 복제·복사·인용·전재하는 행위는 법으로 금지되어 있습니다.